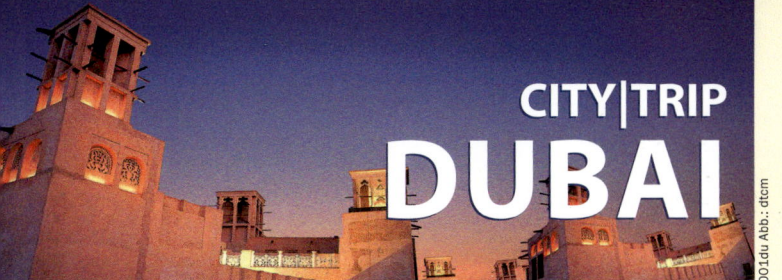

CITY|TRIP
DUBAI

001du Abb.: dtcm

Inhalt

W0089484

Exkurse zwischendurch

Bewertung der Sehenswürdigkeiten

★ ★ ★   auf keinen Fall verpassen
★ ★   besonders sehenswert
★   wichtige Sehenswürdigkeit für
        speziell interessierte Besucher

Benutzungshinweise

City-Faltplan

Die im Buch beschriebenen Örtlichkeiten wie Sehenswürdigkeiten, Restaurants, Hotels, Cafés usw. sind im Kartenmaterial mit Symbol und Nummer eingetragen.

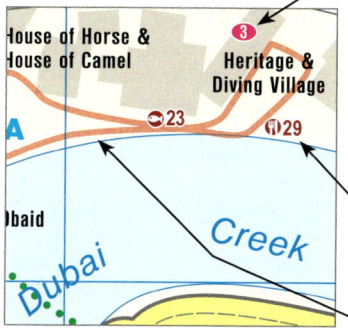

Ortsmarken ohne Angabe des Planquadrats liegen außerhalb des im Buch abgebildeten Kartenmaterials. Sie können aber wie alle Örtlichkeiten in unseren speziell aufbereiteten Internet-Karten lokalisiert werden (siehe hintere Umschlagklappe).

Abkürzungen

> arab. – arabisch
> Bldg. – engl. *building* (Gebäude)
> engl. – englisch
> R/A – engl. *roundabout* (Kreisverkehr)
> Rd – engl. *road* (Straße)
> St – engl. *street* (Straße)
> UAE – engl. *United Arab Emirates*
> V.A.E. – Vereinigte Arabische Emirate
> Dh – Dirham, Landeswährung der V.A.E.

Orientierungssystem

Zur schnelleren Orientierung tragen alle Hauptsehenswürdigkeiten und Lokalitäten die gleiche Nummer sowohl im Text als auch im Kartenmaterial:

❸ Die Hauptsehenswürdigkeiten werden im Abschnitt „Dubai entdecken" beschrieben und mit einer fortlaufenden magentafarbenen Nummer gekennzeichnet, die auch im Kartenmaterial eingetragen ist.

Stehen die Nummern im Fließtext, verweisen sie auf die jeweilige Beschreibung der Sehenswürdigkeit im Kapitel „Dubai entdecken".

🛈29 Mit Symbol und fortlaufender Nummer werden die sonstigen Lokalitäten wie Cafés, Geschäfte, Hotels, Infostellen usw. gekennzeichnet.

> Die farbige Linie markiert den Verlauf des Stadtspaziergangs (s. S. 8).

[D1] Die Angabe in eckigen Klammern verweist auf das Planquadrat im Kartenmaterial, in diesem Beispiel auf das Planquadrat D1.

Sonstige Hinweise

> **Preisangaben** erfolgen in der Landeswährung Dirham (Dh), für Informationen zu den Wechselkursen s. S. 100.
> Für Hinweise zu den **Telefonvorwahlen** s. S. 116.
> Mit Ausnahme wichtiger Durchgangsstraßen sind **Straßennamen** in Dubai oft Schall und Rauch und auch bei Taxifahrern unbekannt. Wichtig ist es, den Stadtteil des Wunschziels und nahe gelegene Orientierungsmerkmale wie unverkennbare Brücken, bekannte Hotels, Banken, Geschäfte oder Einkaufszentren zu kennen/nennen zu können. Tipp: Beim Wunschziel anrufen und den Weg beschreiben bzw. Orientierungspunkte nennen lassen (Ortsgespräche im Festnetz sind gebührenfrei).

Die Autorin

Kirstin Kabasci hat Islam- und Erziehungswissenschaft studiert, arbeitet als Autorin von Reisehandbüchern, Sprach- und Kulturführern und zudem als Lektorin, Reiseleiterin und Fotografin. Ihre Fachgebiete sind die V.A.E., Oman, Jemen, Qatar und Bahrain sowie Köln. Arbeits- und Studienaufenthalte führen sie regelmäßig auf die Arabische Halbinsel, in den Nahen Osten und nach Nordafrika.

Danksagung

1001 Dank für die Beihilfe an der Erstellung dieses Buches gebührt dem UAE National Media Council und dem Dubai Department of Tourism and Commerce Marketing. Herzlichen Dank auch an alle Fotourheber.

Bildnachweis

Die Kürzel an den Abbildungen stehen für folgende Fotografen, Firmen und Einrichtungen. Wir danken für die freundliche Abdruckgenehmigung.

adt	Abu Dhabi Tourism Authority
ahr	The Address Hotels and Resorts
at	Atlantis The Palm
dtcm	Government of Dubai, DTCM Frankfurt
em	Emaar
jm	Jumeirah
kk	Kirstin Kabasci (Autorin)
mm	Mohammed bin Mejren
na	Nakheel
Titelbild	Government of Dubai, DTCM Frankfurt

Schreiben Sie uns

Dieser CityTrip-Band ist gespickt mit Adressen, Preisen, Tipps und Infos. Nur vor Ort kann überprüft werden, was noch stimmt, was sich verändert hat, ob Preise gestiegen oder gefallen sind, ob ein Hotel, ein Restaurant immer noch empfehlenswert ist oder nicht mehr usw. Unsere Autoren sind zwar stetig unterwegs und erstellen alle zwei Jahre eine komplette Aktualisierung, aber auf die Mithilfe von Reisenden können sie nicht verzichten.

Darum: Schreiben Sie uns, was sich geändert hat, was besser sein könnte, was gestrichen bzw. ergänzt werden soll. Wenn sich die Infos direkt auf das Buch beziehen, würde die Seitenangabe uns die Arbeit sehr erleichtern. Gut verwertbare Informationen belohnt der Verlag mit einem Sprechführer Ihrer Wahl aus der über 220 Bände umfassenden Reihe „Kauderwelsch".

Bitte schreiben Sie an: REISE KNOW-HOW Verlag Peter Rump GmbH, Postfach 140666, D-33626 Bielefeld, oder per E-Mail an: info@reise-know-how.de

Danke!

Latest News

Unter **www.reise-know-how.de** werden regelmäßig aktuelle Ergänzungen und Änderungen der Autoren und Leser zum vorliegenden Buch bereitgestellt. Sie sind auf der Produktseite dieses CityTrip-Titels abrufbar.

Auf ins Vergnügen

002du Abb.: jm

007du Abb.: dtcm

Dubai an einem Wochenende

Dem Besucher bietet Dubai von Stadtentdeckung bis Erholung eine sonnenscheingarantierte Vielfalt mit einer milden Prise Orient. In dieser Erlebnisdestination verschmelzen die Vorteile von Metropole, Strand und Wüste. Wer Luxus wünscht, der findet diesen – zur derzeitigen Finanzkrisenzeit übrigens mit hohen Preisnachlässen –, doch Dubai bietet auch preiswertere Reisemöglichkeiten.

Um Dubais Sahnestücke nicht zu verpassen, folgt als Auftakt eine **Planungshilfe**. Man sollte morgens früh aufbrechen, denn dann ist es noch nicht zu heiß, aber auch in den Abendstunden hat Dubai einiges zu bieten, die meisten Geschäfte haben bis 22 Uhr geöffnet und öffentliche Verkehrsmittel fahren bis ca. 23/24 Uhr.

Dubai wird grob in „Altstadt" und „Neustadt" eingeteilt. Die folgenden Tipps orientieren sich in ihrer Einteilung und Thematik am Kapitel „**Dubai entdecken**" (s. S. 63), in dem alle Hauptsehenswürdigkeiten ausführlicher porträtiert werden.

Tag 1: Durch Alt-Dubai spazieren

Es folgt ein Vorschlag für einen eintägigen Spaziergang durch die beiden zentralen Stadtteile Deira und Bur Dubai – diese Route findet sich eingezeichnet im City-Faltplan. Wer weniger Zeit hat und die eine oder andere Sehenswürdigkeit nur streift und hier oder dort abkürzt, schafft die Tour auch in etwas mehr als einem halben Tag.

Deira

In Deira ist der **Gold Souq** ❽ ein guter Startpunkt. Dorthin kann man mit dem Bus oder mit der Metro Green Line fahren (Gold Souq Bus Station bzw. Palm Deira Metro Stati-

◀ *Vorseite: Der Wasserpark Wild Wadi* ⓰ *bietet Spaß für Jung und Alt*

on, jedoch noch ca. 10 Minuten Fuß-
weg), aber auch Taxifahrer kennen
dieses Ziel.

Vormittags kann man dem wenige
Gehminuten entfernt Richtung Meer
gelegenen **Deira-Fischmarkt** (s. S. 73)
einen Kurzbesuch abstatten. Man erreicht die Markthalle über eine Fußgängerbrücke über die Al-Khaleej Rd.

Wer allerdings keinen Fischgeruch
(mehr) mag, findet im Gold Souq bessere Luft – und wertvollere Auslagen.
Ein Haupteingang liegt nahe der Gold
Souq Bus Station, erreichbar ab der
an der Busstation entlanglaufenden
Al-Khor St, welche die nördliche Grenze des Deira Souqgebietes markiert.
Folgt man ab der Al-Khor St. der zwischen Busstation und nebenliegen-
dem Autoparkplatz nach Süden ab-
zweigenden Gasse Nr. 103 (sie wird
ab dem Ende des 1. Häuserblocks
von einem Schattendach überspannt
und ist ab dort nur Fußgängern zugänglich), so steht man wenig später
am Beginn einer weiteren überdachten Fußgängergasse. Hier nimmt
die Goldsouq-Hauptgasse Sikkat al-
Khail Rd ihren Verlauf nach Westen
(rechts). In den hiesigen Geschäften
– sowie in den ringsherum gelegenen – ist tatsächlich alles Gold, was
glänzt. Man kann auf einer der schattigen Bänke rasten und dem Gesche-
hen zusehen.

Am südwestlichen Ende der Sikkat al-Khail Rd erreicht man über die
Straßen Old Baladiya (nach rechts abbiegen) und Al-Ahmadiya (nach links)
ca. 1,4 km ab Spaziergangstart das
Heritage House ❾ sowie die dahin-
ter gelegene **Ahmadiya-Schule** ❿ –
beziehungsweise Ex-Schule. In diesen beiden im traditionellen Stil restaurierten Häusern finden sich
Ausstellungen zur Volkskunde und
Bildungsgeschichte.

Routenverlauf im Stadtplan
Der hier beschriebene Spaziergang ist
mit einer farbigen Linie im Stadtplan
eingezeichnet.

Der Spaziergang führt ab der Al-
Ahmadiya St nach links durch Sträß-
chen des **Deira Souq** ❼ Richtung
Südosten, also Richtung Creek, zum
Areal des **Gewürz-Souq**. Es erstreckt
sich zwischen der als nächstes kreu-
zenden Al-Ras St, der Creekuferstra-
ße Baniyas Rd und der zuvor erwähn-
ten Old Baladiya St. Wer sich nicht zu
sehr am Touristentrubel stört, sollte
seiner Nase entlang der Gewürzsä-
cke freien Lauf lassen. Die mit einem
Schattendach abgedeckte Hauptgasse des **Spice Souq** liegt nahe
am Creekufer. Im Wasser schwimmen hölzerne Dhau-Schiffe durchaus
auch in mehreren Reihen angetaut
zum Be- und Entladen, am Ufer tür-
men sich Kisten und Säcke mit weitaus mehr als nur Gewürzen.

Nun geht der Spaziergang ca. 500
Meter entlang der Uferpromenade
creekeinwärts. Hervorragend ist die
Aussicht auf Dubais natürlichstes
Markenzeichen – den Creek ❶.

Auf der anderen Uferseite liegt der
Stadtteil Bur Dubai – dorthin geht es
als nächstes – einmal quer über die
markante Inlandlagune. Etwa 3 km
nach Beginn dieses Spaziergangs
kann man ab der gegenüber der Al-
Sabkha Rd gelegenen Al-Sabkha Marine Station per motorgesteuerten
Abra-Boot (s. S. 66) auf die andere

◀ *Der Creek teilt das historische
Stadtzentrum in Deira und Bur Dubai*

Dubai an einem Wochenende

Seite des Zentrums zum **Bur Dubai Souq ⑪** übersetzen. Tagsüber fahren sie alle paar Minuten. Achtung, das Einparken an der Anlegestelle Bur Dubai Old Souq gleicht typischerweise einem Autoscootercrash. Wer während der knapp 10-minütigen Fahrt eine Prise Klimakühlung genießen möchte, kann auch mit einem Wasserbus (s. S. 66 und 129) fahren.

Bur Dubai

Egal, ob man per Abra-Boot oder Wasserbus von Deira übergesetzt hat: von der Bur Dubai Old Souq Marine Station ist es durch die schattendachgedeckte und souvenirgefüllte Hauptgasse des **Bur Dubai Souq ⑪** nicht weit bis zum **Bait al-Wakeel** (s. S. 34), einem Restaurant-Café mit toller Terrasse über dem Creek ❶. Hier bietet sich eine Pause an: Speis, Trank und Wasserpfeifen gibt es hier ab mittags.

Frisch gestärkt kann man nun durch den Bur Dubai Souq spazieren. Danach kann man der überdachten Hauptgasse des Bur Dubai Souqs noch ca. 150 Meter folgen, dann geht man zurück. Hinter der Bur Dubai Old Souq Marine Station, an der man zuvor angelegt hatte, wird die Gasse enger. Nur wenig weiter sollte man nach Süden (vom Creek weg) abbiegen zur **Grand Mosque**, der Großen Moschee.

Hier sieht man bereits das nächste Ziel, das **Dubai Museum im Al-Fahidi-Fort ⑫**. Die Besichtigung lohnt, denn die alten Mauern vermitteln einen anschaulichen Eindruck von Dubais Geschichte und bieten einen interessanten Kontrast zur modernen Museumspräsentation.

Vom Fort geht es durch die Al-Fahidi Rd nach Osten (links) bis zum nächsten Verkehrskreisel, dem Al-Fahidi R/A. Hier kann man Richtung

Creek in die Gassen des **Bastakiya-Viertels ⑬** abbiegen. In diesem rekonstruierten Viertel mit traditionellen Windturmhäusern ist vom Souq-Rummel nichts zu spüren. Man kann sich durch die autofreien und schattigen Gassen dieses ursprünglich anmutenden Stückchen Dubai nach Laune treiben lassen – verlaufen kann man sich kaum und spätestens beim Erreichen einer Autostraße oder des Creekufers sollte man umdrehen, denn hier ist das Bastakiya-Viertel zu Ende. Zwischendurch bieten Windturmhaus-Cafés gemütliche Gelegenheiten zum Rasten (Basta Arts und XVA, s. S. 120). Kunstfreunde finden interessante Galerien (z. B. Majlis Gallery, s. S. 47) zum Stöbern.

Wieder auf der Al-Fahidi Rd geht man zunächst ein Stück des Spazierwegs zurück, am alten Fort vorbei und folgt dann weiter ihrem Verlauf. Es reihen sich vornehmlich Elektrogeschäfte aneinander – und ca. 1 km hinter dem Fort führt die Al-Fahidi Rd ans Creekufer. Nun kann man an der Uferpromenade entlang creekauswärts zum keine 10 Gehminuten entfernten Volkskundeviertel **Shindagha** (s. S. 67) spazieren. In Shindagha gibt es traditionelle Häuser und Ausstellungen zu besichtigen, abends ist es ein beliebtes Flanierareal.

Am **Creekufer** kann man auch schön und gut zum Ausklang des Spaziergangs zu Abend essen oder eine Wasserpfeife schmauchen (Al-Bandar, s. S. 34, Kan Zaman, s. S. 35) und dann den Rückweg zum Hotel antreten: Hier können alle, die nach dem ca. 4 km langen Spazierstück genug vom Laufen haben, ein Taxi rufen. Wer per Bus oder Metro fahren möchte, muss entlang der Uferpromenade zurück gehen und erreicht nach ca. 15 Gehminuten die Al-Ghu-

Alt- und Neu-Dubai per Bootsrundfahrt

Für alle, die Alt- sowie Neu-Dubai bequem vom Wasser aus erkunden möchten, bieten Wasserfähren ab Al-Seef **Rundfahrten durch den Creek und entlang der Küstengewässer von Jumeirah** an. Zunächst fährt die moderne, mit Klimaanlage und behindertengerecht ausgestattete **Dubai Ferry** quer durch den Creek **1** zwischen den Stadtteilen Deira und Bur Dubai hindurch. Dann biegt sie nach Südwesten ab und schippert vorbei am Rashid-Hafen zwischen der Küstenlinie von Jumeirah (s. S. 80) und dem Inselprojekt The World **23** bis kurz vor das

berühmte Luxushotel Burj Al Arab **17** sowie retour. Start- und Endpunkt ist die Water Transport Station Al-Seef auf der Bur-Dubai-Seite (dorthin kommt man von den Souqarealen von Deira oder Bur Dubai z. B. mit Wasserbussen, s. S. 66).

> Fahrtdauer 1 h, Preis pro Person ab 50 Dh, Abfahrten um 11, 17, 19, 21 Uhr, Tickets an Bord, weitere Informationen über RTA, Tel. 8009090, www.rta.ae

Eine weitere Dubai Ferry Rundfahrtroute s. S. 85 und 129.

baiba-Station, ab der man zahlreiche Buslinien sowie die Metro Green Line nutzen kann.

Tag 2: Neu-Dubai erfahren

Den folgenden Tourvorschlag kann man nicht zu Fuß bewältigen, dafür sind die Distanzen zu groß, also rein in die öffentlichen Verkehrsmittel, in Metro und Bus (s. S. 126). Wer einen Mietwagen hat, kann den zwei zentralen Straßen, an denen die Route entlangführt, leicht folgen.

Es folgt eine **Maximalauswahl** an Sehenswertem, aus dem man sich seine Ziele heraussuchen sollte. Am besten liest man den folgenden Abschnitt komplett und wählt dann aus, wo man aussteigen möchte. Wer auf ein nachmittägliches **Bad im Meer** spekuliert, kann seine Schwimmsachen einpacken.

009du Abb.: dtcm

► *Holzbarkassen – Abra genannt – verbinden im Stadtzentrum beide Ufer des Creek*

Dubai an einem Wochenende

Entlang der Shaikh Zayed Road

Los geht es entlang der **Schnellstraße Shaikh Zayed Rd**, hier reihen sich diverse Sehenswürdigkeiten und Einkaufszentren von New Dubai aneinander. Mietwagenfahrer müssen aber leider mehr auf den Verkehr achten. Entspannter ist es mit der **Metro:** die **Red Line** in Richtung Jebel Ali verläuft im Westen der Stadt entlang der Shaikh Zayed Rd. Je nachdem, wo man startet, kann man z. B. an der Khalid Bin Al Waleed Station aussteigen, um sich das **Einkaufszentrum BurJuman** ⓮ anzusehen. Eine Metrostation (Station Al Karama) weiter lohnt sich ein Spaziergang durch das indisch dominierte Wohnviertel zum **Karama Souq** (s. S. 26). Hier handelt es sich nicht um einen Souq im Sinn von Bur Dubai ⑪ oder Deira ⑦, es gibt keine gedeckten Gassen oder renovierten Häuser, sondern es geht einfach und praktisch zu.

Weitere fünf Stationen sind es zur Station Burj Khalifa/Dubai Mall. Auf dem Weg gleitet die Metro an den spiegelverkleideten Hochhäusern der Shaikh Zayed Rd vorbei – alle werden jedoch überragt vom höchsten je von Menschenhand errichtetem Bauwerk, dem **Burj Khalifa** ㉕. Hier sollte man unbedingt zur Aussichtsplattform hinauffahren! Um den Turm duckt sich das Viertel **Downtown Dubai** (s. S. 87). Einkaufsmöglichkeiten bieten die riesige **Dubai Mall** ㉖ und der neu-arabische, auf einer Insel im See gelegene **Souq Al Bahar** ㉗. Cafés und Restaurants gibt es rund um den Souq Al Bahar reichlich. Schön ist eine Pause am Seeufer mit Blick auf eine spektakuläre Wasserfontäne (s. S. 90). Weiter geht die Metrofahrt und wer noch nicht genug vom Einkaufsbummel hat, der kann an der Station **Mall of the Emirates** aussteigen und sich den gleichnamigen Einkaufstempel ㉘ ansehen. Kurios ist der Blick in die angeschlossene Skihalle – doch, das ist echter Schnee!

Vier Stationen weiter – vorbei an Dubais grünen neuen Wohnvierteln – kann man die Fahrt an der **Dubai Marina** ㉒ unterbrechen und sich dieses als schick geltende Neubaugebiet mit seinen ca. 200 Hochhäusern ansehen. Bei Bewegungsdrang kann man nun entlang des Kanals und vorbei an der Marina Mall (s. S. 24) – einem weiteren Einkaufstempel – zur nächsten Metrostation (Jumeirah Lakes Towers) bummeln.

Es naht der Scheitelpunkt der Tour, die **Ibn Battuta Mall** ㉙ an der gleichnamigen Metrostation. Wegen ihres aufwendigen Dekors sticht die Mall deutlich aus dem Einheitsbrei der anderen Einkaufszentren Dubais heraus. Hier lohnt sich auch eine Mittagspause, denn die Speisevielfalt ist groß.

Entlang der Jumeirah Road

Von der Ibn Battuta Mall ㉙ kann man per **Mietwagen** oder **Bus** (Linie 8 ab Ibn Battuta Mall Food Court 3, alle 12–15 Min., letzter Bus kurz vor Mitternacht) nach **Jumeirah** fahren. Durch diesen meeresgeprägten Stadtteil geht es größtenteils entlang der Jumeirah Rd. Ab dem Ortsrand von Jumeirah fährt der Bus maximal

▶ *Die lichtdurchfluteten Galerien des Einkaufszentrums BurJuman Center* ⓮ bis zur Gold Souq Bus Station in Deira. Die reine Fahrt ohne Stopps und Staus dauert ca. 50 Minuten.

Nach dem Start an der Ibn Battuta Mall geht es zunächst über die Shaikh Zayed Rd, dann quer durch **Dubai Marina** und an diversen Luxushotels entlang. An der Al-Sufouh Rd folgen die Freihandelszonen (Nicht-Emirater können in diesen Gebieten zu Sonderkonditionen Gewerbe betreiben) Media City und Knowledge Village. Ab hier reckt sich das künstliche Eiland **Palm Jumeirah** ins Meer (s. S. 82). Wer möchte, kann am Knowledge Village Main Gate aussteigen, um einen Abstecher auf die Palmeninsel zu unternehmen. Leider steckt ihre Anbindung an öffentliche Verkehrsmittel noch in den Kinderschuhen und Busse fahren (noch?) nicht. Es bleiben nur eine Taxifahrt oder die **Einschienenbahn** *(monorail)*, die vom Palmenstrunk – die Station befindet sich nur wenige Gehminuten vom Knowledge Village entfernt

– einmal quer rüber zum Wellenbrecherkranz und zum Hotel **Atlantis The Palm** (s. S. 122) samt seinen Freizeitattraktionen **Aquaventure**, **Lost Chambers** und **Dolphin Bay** fährt. Eigentlich ist ein kurzer Abstecher ohne Besichtigungen für die Palme allerdings nicht genug. Wer noch ein paar Tage in Dubai ist, sollte sich die Insel für später aufsparen.

Der herrliche, neo-arabisch gestaltete **Souq Madinat Jumeirah** – der selbstverständlich auch Nicht-Hotelgästen offensteht – ist das nächste Ziel und überaus sehenswert. Auch die Rastmöglichkeiten auf Dachterrassen, am Kanalufer, im Garten, in Cafés, Restaurants oder Bars sind herrlich. Am Hotel mündet die Al-Sufouh Rd in die Jumeirah Rd. Die nächste Busstation heißt **Burj Al Arab Hotel**, die übernächste **Wild Wadi**. Wer sich an der markanten Segel-Silhouette noch nicht sattgesehen hat, kann hier zum Fotostopp aussteigen. Einen guten Blick hat

Dubai an einem Wochenende

EXTRATIPP

Die Tram kommt

In Zukunft – voraussichtlich **ab 2014** – wird sich diese Tour anders gestalten, denn dann soll die **Al-Sufouh Tram** ihren Betrieb aufnehmen. Diese ca. 14 km lange Straßenbahn fährt dann von Madinat Jumeirah ⑱ (evtl. auch ab dem Jumeirah Beach Hotel) entlang der Al-Sufouh Rd durch den küstennahen Stadtteil Al-Sufouh bis zur Dubai Marina ㉒ (bzw. retour). Die Al-Sufouh Tram hat an den drei Haltestellen Jumeirah Lakes Towers, Dubai Marina und Mall of the Emirates **Anschluss an die Metro Red Line.** Auch auf die Insel Palm Jumeirah wird man dann einfacher kommen, denn die Tram hat **Anschluss an die Einschienenbahn** der Palmeninsel (Gateway Station).

man vom **öffentlichen Strand Umm Suqeim** (s. S. 50) und auch ein erfrischendes Bad im Meer ist hier möglich. Als weitere Möglichkeit kann man sich im **Wasserpark Wild Wadi** ⑯ amüsieren (kurz vor Schließung locken verbilligte Eintrittspreise).

Entlang der Jumeirah Rd geht es nun parallel zum Strand durch den Stadtteil Umm Suqeim nach Jumeirah. Der **Jumeirah Beach Park** (s. S. 49) eignet sich sehr gut für einen Strandaufenthalt, denn hier geht

010du Abb.: mm

▶ *Der Strand von Jumeirah und Dubais Wolkenkratzer entlang der Shaikh Zayed Road* es ruhiger zu als an den öffentlichen Strandstücken. Ein weiteres öffentliches Strandstück – **Jumeirah Beach** (s. S. 50) – dehnt sich auf Höhe der Haltestelle Century Plaza (Einkaufszentrum) aus und nur eine Haltestelle weiter (Palm Strip Center) befindet sich die nächste Sehenswürdigkeit: die **Jumeirah Moschee** ⓯. Dieses herrliche Gebetshaus darf von innen nur im Rahmen einer Führung besichtigt werden, ist aber auch von außen einen Blick wert.

Kurz darauf endet Jumeirah und die Buslinie 8 fährt weiter durch Satwa entlang der Einkaufsstraße **Al-Diyafah Rd** (heißt neuerdings 2nd of December Rd) und dann durch das Hafenviertel nach **Bur Dubai** (s. S. 75). Zentrales Ziel hier ist die Al-Ghubaiba Bus Station (gleichzeitig Green Line Metro Station).

Wer möchte, kann sich durch den Shindagha Autotunnel schnell nach **Deira** (s. S. 70) zur Gold Souq Bus Station fahren lassen.

Zur richtigen Zeit am richtigen Ort

Nirgendwo am Golf finden so viele Feste und Veranstaltungen sportlicher und kultureller Art statt wie in Dubai. Aktuelle Informationen und Termine hierfür entnimmt man beispielsweise den Tageszeitungen oder Veranstaltungsmagazinen (s. S. 104). Zahlreiche kulturelle Events finden auch in der Dubai Festival City **6** statt.

Veranstaltungen im Jahresverlauf

Januar bis März

> **Dubai 24 Hours** (Publikumsmagnet, 24-Stunden-Autorennen in der 5390-Kilometer-Bahn des Dubai Autodrome, Januar, www.24hdubai.com)
> **Dubai Desert Classic** (mit Millionen von Dollar dotiertes Golfturnier und „Kronjuwel" der PGA-Tour mit zahlreichen Golfstars, Januar/Februar, www.dubaidesertclassic.com)
> **Gulf Gaelic Games** (irische Sportarten wie das dem Rugby ähnliche Gaelic Football oder Hurling – einer Art Hockey – sowie irische Partys und Musikkonzerte, Februar, www.dubaicelts.com)
> **Dubai International Jazz Festival** (internationales neuntägiges Jazzfestival mit Konzerten von Topmusikern, Februar www.dubaijazzfest.com)
> **Dubai International Racing Carnival** (Pferderennen mit Weltklassevollblüter, Meydan-Rennkomplex, Februar, www.dubairacingclub.com)
> **Dubai Duty Free Tennis Championship** (ATP World Tour, je eine Woche Tennisturniere für Profi-Damen und -Herren, Februar/März, www.dubaidutyfree-tennischampionships.com)

Das gibt es nur in Dubai

> *Vogelblick* vom welthöchsten Wolkenkratzer (s. S. 88)
> *Einkaufsmarathon* in der weltgrößten Mall (s. S. 89)
> *Strandidylle* auf der weltersten Palmeninsel (s. S. 82)
> *Rutschpartie* ins Haifischbecken (s. S. 83)
> *Schneeballschlacht* in der Wüstenstadt (s. S. 91)
> *Muschelsuppe* im Unterwasserrestaurant (s. S. 35)
> *Hotelsuite* mit Aquariumwand (s. S. 122)
> *Amphibienfahrzeug* auf Stadtrundfahrt (s. S. 115)
> *Riesenrummel* beim Shopping Festival (s. S. 18)

> **Emirates Airline Festival of Literature** (internationales Literaturfestival, drei Tage Programm mit Buchvorstellungen, Lesungen, Poesievorträgen und Workshops, März, www.eaifl.com)
> **Dubai Bike Week** (Motorradwoche und -messe mit vielfältigen Events, Shows und Konzerten, Februar/März, www.dubaibikeweek.com)
> **Dubai International Horse Fair** (größte Pferdemesse der Region samt Shows, Schwerpunkt Araber, Februar/März, www.dihf.ae)
> **Dubai International Boat Show** (Bootsausstellung nationaler und internationaler Boots- und Jachtbauer im Dubai International Marine Club, März, www.boatshowdubai.com)
> **Chill Out Festival** (zwei Tage Urban Chill Out mit DJs und Zusatzveranstaltungen, März, www.chilloutfestivaldubai.com)
> **Art Dubai** (innovative Kunstmesse, März, www.artdubai.ae, s. S. 45)

011/du Abb.: dtcm

> **UAE Desert Challenge** (hochrangigste aller Wüstenrallyes der V.A.E., eine Woche lang im März/April, www.atcuae.ae)
> **Dubai World Cup** (Pferderennen mit dem weltweit höchsten Preisgeld – 2011: 10 Mio. Dollar – und High-Society-Treff, Meydan-Rennkomplex, März, www.dubaiworldcup.com)

April bis September
Wegen der Sommerhitze finden von April bis September außer **wenigen Hallen- oder Wassersportereignissen** kaum Veranstaltungen statt.
> **Dragon Boating Festival** (spaßiges Drachenbootrennen von Schulen und Vereinen, Dubai Festival City Marina, April, www.dubaidragonboat.com)
> **Gulf Film Festival** (Filmfestival mit wechselnden Schwerpunktthemen, Kurzfilmen und Dokumentationen, April, www.gulffilmfest.com)

▲ *Segelbootregatten sind Publikumsmagnete*

Zur richtigen Zeit am richtigen Ort

Oktober bis Dezember

> **Gulf Bike Week** (zweitägiges Motorrad-event mit Ausstellungen, Verkauf, Shows, Konzerten, Stunts, Oktober, www.gulfbikeweek.com)

> **Dubai World Championship** (PGA-Golfturnier, Saisonfinale des „Race to Dubai", Jumeirah Golf Estates, November/Dezember, www.dubaiworldchampionship.com)

> **Dubai Motor Show** (Motormesse, Shows und Wettbewerbe ziehen fünf Tage lang Zehntausende Autofans an, www.dubai-motorshow.com, Dubai International Convention and Exhibition Centre, Dezember)

> **Dubai Rugby Sevens** (dreitägiges Rugby-turnier als Publikumsmagnet, mit Cheer-leader-Eröffnungen und Rugby-Rock-Abschlussabend, November/Dezember, www.dubairugby7s.com)

EXTRATIPP

Dubai Shopping Festival – Mehr als ein Einkaufsfest!

Während diesen alljährlich **ab Ende Januar** abgehaltenen **Megafestwochen** kann man weitaus mehr tun, als nur günstig einzukaufen. Die ganze Stadt steckt voller Attraktionen: **Kulturveranstaltungen, Straßenfeste, Konzerte, Verlosungen und Sportevents** ziehen vier Wochen lang Millionen von Besuchern an. Zahlreiche Darbietungen geben Gelegenheit, **emiratische Kultur und Tradition** kennenzulernen (beispielsweise im Heritage Village ❸ in Shindagha und am The Walk in der Dubai Marina ㉒). Familien finden ein breites Angebot an Ver-

anstaltungen vor, die auch Kindern gefallen. Und schließlich ist das Klima zu dieser Zeit ideal.

> **Tipp:** Wer dabei sein möchte, sollte rechtzeitig ein Hotelzimmer reserviert haben. Preisvergleiche lohnen, zahlreiche Hotels bieten Rabatte.

> **Informationen:** www.dubaievents.ae, während des Festivals kann man sich in den Dubaier Tageszeitungen und beim Ahlan-Dubai-Infotelefon (Tel. 6005455) über die genauen Programmabläufe informieren.

012db Abb.: dtcm

> **National Day Festival** (diverse kulturelle Veranstaltungen, traditionelle Tänze und Paraden zum Nationalfeiertag der V.A.E., 2. Dezember)

> **Dubai International Film Festival** (internationales Filmfestival, Premieren und Einzelvorstellungen fernab der Blockbuster, Dezember, www.dubaifilmfest.com)

> **UIM Class One Powerboat Championship** (dreitägiges spektakuläres Schnellbootrennen, Dezember, www.class-1.com)

EXTRATIPP

Dubai Summer Surprises – Sommerspaß trotz Hitze

Dieses Fest soll Dubais Position als Ganzjahresdestination stärken. Es findet im Sommer **zwischen Juli und September** statt und richtet sich vornehmlich an Familien aus den Golf-Nachbarländern (deren Kinder dann Ferien haben), doch auch Europäer finden Interessantes.

Unterhaltung für Groß und Klein lautet das Motto, es wird vielfältig umgesetzt, doch anders als beim Dubai Shopping Festival finden die Veranstaltungen aufgrund der hohen Temperaturen und Luftfeuchtigkeit vornehmlich in klimatisierten Innenräumen statt.

Dubais Einkaufstempel locken mit zahlreichen Sonderpreisen oder Verlosungen, Hotels und Apartments bieten **reduzierte Zimmerpreise oder Extraleistungen.**

> **Informationen:** www.dubaievents.ae, während des Festivals kann man sich in den Dubaier Tageszeitungen und beim Ahlan-Dubai-Infotelefon (Tel. 6005455) über die genauen Programmabläufe informieren.

Religiöse Feiertage

Religiöse Feiertage richten sich nach der **islamischen Zeitrechnung** und fallen deshalb nach unserem Kalender jedes Jahr auf ein anderes Datum. Termine werden nach dem aktuellen örtlichen Stand des Mondes ermittelt.

Die **voraussichtlichen Daten** der wichtigsten muslimischen Festtage sind:

> **Al-Hijri** (Islamisches Neujahr): 15.11.2012, 04.11.2013, 25.10.2014, 14.10.2015

> **Maulid al-Nabi** (Geburtstag des Propheten Muhammad): 24.01.2013, 13.01.2014, 02.01.2015, 22.12.2015

> **Lailat al-Miraj** (Himmelfahrt des Propheten): 17.06.2012, 06.06.2013, 26.05.2014, 15.05.2015

> **Ramadan** (Heiliger Monat der Muslime): ab 20.07.2012, ab 09.07.2013, ab 28.06.2014, ab 17.06.2015

> **Eid al-Fitr** (Fest zum Fastenbrechen nach Ramadan): 2 bis 3 Tage ab 19.08.2012, 08.08.2013, 28.07.2014, 17.07.2015

> **Eid al-Adha** (Großes Opferfest zur Pilgerfahrt nach Mekka): 3 bis 4 Tage ab 25.10.2012, 15.10.2013, 04.10.2014, 23.09.2015

◀ *Traditioneller Tanz vor dem Heritage Village* ❸ *beim Dubai Shopping Festival*

Staatliche Feiertage

Staatliche Feiertage finden alljährlich zu den **feststehenden Zeiten** des gregorianischen Kalenders statt:

> **1. Januar:** Neujahrstag
> **6. August:** Tag des Machtantritts des Staatsgründers der V.A.E., Shaikh Zayed im Jahr 1966
> **2. und 3. Dezember:** Nationalfeiertage zur Staatssgründung der V.A.E. im Jahr 1971

Dubai für Citybummler

Der eindrucksvollste Einstieg mit dem allerweitesten Rundblick bietet sich vom welthöchsten Gebäude, vom Burj Khalifa **25** *aus. Auf der Aussichtsplattform im 124. Stock des Superturms kann man erstklassig Dubais Ausdehnung am Meer (die Stadt dehnt sich ca. 50 km entlang des Golfufers aus), Dubais Wachstum ins Meer (Kunstinseln u. a. in Form von*

Was passiert im Fastenmonat Ramadan?

*Der **Koran** verbietet allen erwachsenen und gesunden Muslimen, im Ramadan tagsüber zu essen, zu trinken oder zu rauchen. Zugleich führen die Muslime in diesem Monat, in dem Muhammad seine erste Offenbarung von Gott erfuhr, ein besonders religiöses und besinnliches Leben. **Auch für Touristen** bzw. Nichtmuslime, die in dieser Zeit in Dubai sind (Kinder ausgenommen), ist es **verboten,** tagsüber **in der Öffentlichkeit** zu essen, trinken oder rauchen. Was hinter den Türen des Hotelzimmers vorgeht, interessiert allerdings nicht. Auch tagsüber einzukaufen ist völlig in Ordnung, Lebensmittelläden, Obst- und Gemüsemärkte sind wie gewohnt geöffnet.*

*Alle **Straßenrestaurants** öffnen in dieser Zeit erst ab Sonnenuntergang, viele **Hotelrestaurants** haben jedoch tagsüber auf. Hier kann man wie gewohnt alles bekommen, was man begehrt, Alkohol allerdings (offiziell) nicht, abends aber mitunter schon.*

***Nachtklubs** sind während des Ramadan zum Teil geschlossen, die meisten Bars sind allerdings abends geöffnet und servieren auch Alkoholika, manche sperren ihre Tanzfläche ab*

oder verzichten auf Livemusik. Bauchtanzshows fallen aus. Die genaue Handhabung hängt davon ab, wie konservativ/konsequent die Regelungen umgesetzt werden.

*Trotz mancherlei Entbehrungen hat der Ramadan auch **Vorteile:** Kurz vor Sonnenuntergang bieten kleine Stände Leckereien zum Fastenbrechen an und die Nacht wird quasi zum Tag. Geschäfte und Souqs haben länger geöffnet, Restaurants schließen oft erst in den frühen Morgenstunden. Zahlreiche Restaurants bieten **nach Sonnenuntergang** sogar üppige „All you can eat"-Büfetts an (ab 20 Dh in Straßenrestaurants, ab 70 Dh in Luxushotels). In vielen großen Hotels und in manchen Malls sind extra **Ramadan-Zelte** aufgebaut und mit Teppichen, Kissen und bunten Stoffen gemütlich dekoriert. In ihnen werden abends Getränke, Datteln und Süßigkeiten serviert, Musik und Tanz sorgen für ausgelassene Stimmung.*

*Das Schönste am Fasten ist das **Fastenbrechen am Ende des Ramadan,** das „Eid al-Fitr". Das viertägige Fest gibt Anlass zu ausgiebigem Schlemmen und Feiern.*

*Riesenpalmen) und Dubais Zweitei-
lung durch das Meer (der Creek windet sich weit ins Landesinnere) sehen. Diese Stadtareale können auf
vielfältige Weise erkundet werden.*

Per Pedes

Dubai ist in den letzten Jahren
schnell gewachsen, in alle Richtun-
gen, ins Meer, in die Wüste – auf seine Nachbarstädte Sharjah und Abu
Dhabi zu – und auch in den Himmel.
Spazieren gehen ist aber nicht überall schön, denn vielerorts kann Dubai
auch nervig sein – und sogar „hölli-
sche" Züge zeigen, denn je nach Ta-
ges- und Jahreszeit ist es **heiß** – zum
Teil auch brütend heiß – und außerdem schlaucht die **hohe Luftfeuchtigkeit**. Dubai ist zudem **laut**. Autos
und Baustellen können nerven und
wenn es laut Stadtplan „einfach geradeaus" gehen sollte, dann könnten
Schnellstraßen ohne Fußgängerüber-
weg und mit eingezäunten Bürgersteigen oder Baustellen diesen **Weg
versperren**.

Das Denken vieler Golf-Einwohner
kannte lange kein „zu Fuß gehen",
weder aus Erholungs- noch aus praktischen Gründen. Gebummelt wurde
und wird in Malls oder abends nach
dem Picknick im Park. Doch allmählich setzen **Wandlungen** ein: Dubai
hat entdeckt, dass Fußgängerüber-
oder -unterführungen einen Nutzen
haben. Neubaugebiete zeigen immer mehr Fußgängerfreundlichkeit
und Grünflächen. So wurde beispielsweise der junge Stadtteil **Dubai Marina** 🉂 durch gleich zwei Flaniermeilen
bereichert: der Marina Walk (wenn
vollendet 11 km rund um den aus-
gegrabenen Marina-Meeresarm, derzeit nur im Osten baufertig) und der

🔺 *Die Promenade des Creek
am Shindagha-Volkskundeviertel
(s. S. 67)*

Dubai für Citybummler

Jumeirah Beach Residence Walk (ca. 1,7 km an der Strand-Promenade). Ebenfalls fußgängerfreundlich ist die Festival City **6**, schön hier der Canal Walk.

In Dubais vom malerischen Meeresarm durchzogenen alten Zentrum kann man ebenfalls gut spazieren gehen und **Deira** (s. S. 70) und **Bur Dubai** (s. S. 75) per pedes erkunden.

Per Touristenrundfahrt

Es gibt mehrere interessante Möglichkeiten, Dubai in seiner Größe, Höhe und Bandbreite kennenzulernen. Toll sind z. B. die **Hop-on-hop-off-Busrundfahrten** von Big Bus (s. S. 114). Doppelstöckig – unten klimatisiert und „oben ohne" – fahren die Busse etliche Hauptsehenswürdigkeiten an. Man kann nach eigenem Belieben ein- und aussteigen und sich in Ruhe ansehen, was man möchte – zum Pauschalpreis, jeden Tag, auch ohne Vorausbuchung.

Originell ist auch die **Amphibienbusfahrt mit dem Wonder Bus** (s. S. 115).

Zum Teil geht es über Land – jedoch nur durch Bur Dubai –, aber zwischendrin taucht dieser Wunderbus ab in die Fluten des Creek. Bei Dubais vielen **Tourveranstaltern** (s. S. 116) kann man ebenfalls Stadtrundfahrten buchen, viele der Standardprogramme ähneln sich.

Per Boot

Dubais Zentrum liegt um einen Meeresarm, den Creek **1**. Unbedingtes touristisches „Muss" ist eine Rundfahrt über diese Inlandlagune! Zumindest mit einem der kleinen **Fährboote** (arab. *abra*) sollte jeder kurz den Creek queren, schöner ist eine Rundfahrt mit einem modernen **Wasserbus** (s. S. 66 und 129) und noch besser eine Fahrt mit einem traditionellen **Holzboot** (arab. *dhau*). Letztere ist auch gut mit einem Dinner zu verbinden (s. S. 64). Aus dem Creek hinaus kann man ab Al-Seef mit Wasserfähren Rundfahrten in die Küstengewässer unternehmen – oder ab Dubai Marina (s. S. 129).

014du Abb.: dtcm

Per Metro

Die Metro ist die beste Möglichkeit, um Dubais alltäglichem Dauerstau zu entgehen. Bisher wurden die **Red Line** und die Green Line in Betrieb genommen (weitere Linien sollen folgen). Weite Teile der Trassen verlaufen oberirdisch auf einem Viadukt. Per Metro kommt man also nicht nur **schnell** voran, man hat auch einen guten **Überblick** über die Stadt. Zudem ist das Liniennetz übersichtlich und die Preise sind **erschwinglich**. Warum also nicht einfach mal in die Metro setzen und quer durch die Stadt fahren? Oder zumindest die Shaikh Zayed Road erkunden (s. S. 12)?

Dubai für Kauflustige

Dubai ist bekannt dafür, ein Einkaufsparadies zu sein und schließlich klingt bereits der Name wie die englische Aufforderung „Do buy!". Das Warenangebot ist groß und die Einkaufsmöglichkeiten sind vielfältig. Ob in elegant gestylten Boutiquen, in ultramodernen Einkaufszentren und Malls oder in den orientalischen Läden der traditionellen Souqs – nahezu alle Wünsche können erfüllt werden. Es gibt edle Haute Couture aus Paris, Mailand und London, aber auch preiswerte Bekleidung aus China und Indien, exklusive Armbanduhren aus der Schweiz und billige aus Hongkong, wertvolle Juwelen und antiken Beduinenschmuck. Auch wenn Dubai nicht wirklich billig ist, so finden sich doch auch immer Schnäppchen.

Einkaufszentren

Die zahlreichen Einkaufszentren und Malls westlichen Stils repräsentieren viele Aspekte, auf die Dubai stolz ist: internationale Warenvielfalt und Kaufkraft, gepflegte, elegante Atmosphäre und großzügige, moderne Architektur sowie Sauberkeit und Sicherheit. In diesen wohltemperierten Wunderwelten findet ein Großteil des öffentlichen Lebens statt, sie sind wichtige Begegnungsstätten und viele verfügen über diverse Freizeiteinrichtungen wie Kinos, Theater, Eislaufbahnen – oder sogar eine Skihalle (s. S. 91)!

In allen großen Einkaufszentren erlauben Cafés, Spezialitätenrestaurants und Schnellimbisse Verschnaufpausen. Wer die kulinarische Auswahl liebt, der wird von den sogenannten **Food Courts** begeistert sein. Hier kann man sich seine preiswerte Mahlzeit von verschiedenen Snackständen zusammenstellen und an den bereitgestellten Tischen verspeisen oder mitnehmen.

In fast allen großen Einkaufszentren eröffnen Cafés ihren Gästen den Zugang zum **Internet**, aber auch klassische Internetcafés finden sich. **Serviceeinrichtungen** wie Postschalter, Reinigungen, Apotheken, Schuster, Geldwechselbüros und Bankautomaten sind ebenfalls vorhanden.

Traditionelle Abra-Holzboote legen vor dem Souq von Bur Dubai ⓫ an

Shoppingareale
Die wichtigsten Shoppingbereiche der Stadt sind im Kartenmaterial mit einer rötlichen Fläche markiert.

Dubai für Kauflustige

Die Geschäfte in den größten und beliebten Malls in Dubai sind sieben Tage die Woche durchgehend **geöffnet** (meist 10–22, Do., Fr., Sa. bis 23 Uhr). In diesen klimatisierten Einkaufstempeln kann man gut der Mittagshitze entfliehen. In kleineren Einkaufszentren schließen die Geschäfte mittags zwischen ca. 13 und 16 Uhr, freitags sind manche erst ab nachmittags geöffnet.

Viele der großen Malls und Einkaufszentren bieten einen **Busservice** und fahren ihre Kunden zu zentralen Plätzen in Dubai sowie in manche großen Hotels. Informationen über diesen Shuttleservice sowie über die Geschäfte, Freizeit- und Serviceleistungen bieten die hauseigenen Informationsschalter.

🔴**14** [B6] **BurJuman Centre.** Zentral in Bur Dubai gelegenes Einkaufszentrum.

🔺**1** [im] **Deira City Centre** (mit Arabian Treasures), Garhoud, Ecke Garhoud Rd und Baniyas Rd, Tel. 2954486, www.deiracitycentre.com. Dank ihrer zentralen Lage und den 340 Geschäften – viele davon Modeboutiquen – ist diese Mall eine der meistfrequentierten der Stadt. Wer eine arabische Produktpalette schätzt, findet Gefallen an Arabian Treasures, einem eigenen Bereich mit kunstvollen Antiquitäten, handgeknüpften Teppichen und orientalischen Geschenkartikeln. Der Jewelery Court bietet eine breite Auswahl an Gold- und Juwelenschmuck. Die Bin Hendi Avenue ist ein moderner zweigeschossiger Bereich, in dem vornehmlich Geschäfte für Mode und Accessoires, aber auch Restaurants und Cafés mit innovativen Ideen Kunden anziehen. Im Ostflügel (1. Etage) findet sich das Vergnügungszentrum Magic Planet. In diesem Gebäudeteil ist auch ein riesiger *Food Court* untergebracht. Über das ganze City Centre verteilt laden 40 Restaurants zu kulinarischen Exkursionen ein. Dem Komplex angegliedert sind ein Carrefour-Supermarkt, Hotels sowie ein VOX-Kinozentrum.

🔺**2** [hn] **Dubai Festival Centre,** Dubai Festival City, Crescent Drive, Tel. 2325444, www.festivalcentre.com. Großes Einkaufszentrum in der Dubai Festival City ❻, drumherum etliche weitere Einzelgeschäfte und Großmärkte.

🔴**26** [gm] **The Dubai Mall.** In der Mall der Superlative in Downtown Dubai bieten sich vielfältige Shopping- und Freizeitmöglichkeiten.

🔴**29** [al] **Ibn Battuta Mall.** Herrlich dekorierte Mall an der Shaikh Zayed Rd.

🔴**28** [dm] **Mall of the Emirates** (mit Arabian Souq). Riesiges Warenangebot mit arabischem Einkaufsareal und einer Skihalle an der Shaikh Zayed Rd.

🔺**3** [bl] **Marina Mall,** Dubai Marina, Marina Drive South, Tel. 4361020, www.dubaimarinamall.com. Mall im Hochhausstadtteil Dubai Marina zwischen künstlichem Marina-Kanal und Shaikh Zayed Rd.

🔺**4** [gl] **Mercato Mall,** Jumeirah, Jumeirah Rd, www.mercatoshoppingmall.com, Tel. 3444161. Bonbonfarben und im mediterranen Renaissancestil präsentiert sich das Mercato-Einkaufszentrum mit „nur" 90 Geschäften und einem Multiplexkino.

🔺**5** [hm] **Wafi Mall** (mit Khan Murjan), Umm Hurair, Shaikh Rashid Rd, Exit 56, Tel. 3244555, www.wafi.com. Unter dem lichtdurchfluteten, in Pyramidenform gestalteten Glasdach der Wafi Mall

▶ *Die Mercato Mall versprüht mediterranes Shoppingambiente*

finden markenorientierte und mode-
hungrige Shoppingfreaks über 350
Geschäfte und Boutiquen mit vorwiegend exklusivem Warenangebot. Khan
Murjan ist ein Souq-Bereich innerhalb
der Mall im altorientalischen Dekor des
späten 14. Jahrhunderts. Hier findet man
Kunsthandwerk und Souvenirs aus allen
Winkeln der arabischen und persischen
Welt. Auch wer nichts einkaufen möchte,
findet Gefallen an der detailgetreuen
arabischen Architektur mit dem üppigen
Dekor. Von Andalusien bis Afghanistan
reicht das Angebot der 240 Händler und
Handwerker.

In dem zum Himmel offenen Innenhof findet sich das herrliche arabische
Restaurant Khan Murjan (s. S. 35). Der
Food Court bietet einem zahlreiche Möglichkeiten, schnell und preiswert seinen Hunger zu stillen. Im 3. Stock zieht
die „Encounter Zone", ein ausgefeilter
Hightech-Vergnügungspark, Kinder und
Erwachsene in ihren Bann. Nebenan
fällt „Pyramids" ins Auge, ein im Pyrami-
denstil errichteter Freizeitbereich samt
Cleopatra's Spa (s. S. 50) und raffinierten Restaurants (z. B. Medzo, s. S. 37,
und Seville's, s. S. 38). Mit der großen
Erdkugel ebenfalls markant und zur Mall
gehörig ist Planet Hollywood (s. S. 38).
Angegliedert ist das 5-Sterne-Hotel
Raffles Dubai, das ebenfalls die Form
einer Pyramide hat.

Alt-arabische Souqs

Unbedingt sollte man durch die traditionellen Marktbereiche (arab. *souq*)
der zentralen Altstadtteile Deira und
Bur Dubai schlendern. Der Creek, Dubais markante Inlandlagune, trennt
diese Areale und bietet einen fotoge-
nen Anblick. In diesen Souqs geht es
orientalisch, aber auch touristisch zu.

⓫ [C3] **Bur Dubai Souq.** Im Südwesten
des Creek buhlen die Händler des Bur
Dubai Souq mit allerlei Souvenirs, Elekt-
ronik, Stoffen, Kleidung und Alltagswaren
um die Gunst der Kunden. Touristen bummeln gerne durch die gedeckten Gassen.

❼ [E2] **Deira Souq.** Der Souq von
Deira liegt auf der nordöstlichen Seite
des Creek. Hier locken unter anderem

01du Abb.: kk

Die Preise können trotz Handeln allerdings vergleichsweise hoch sein. Am schönsten sind die beiden folgenden als kompletter Souq designten neo-arabischen Einkaufskomplexe.

27 [fm] **Souq Al Bahar.** In Downtown Dubai zwischen riesiger Mall und Kunstsee gelegen und vom Burj Khalifa **25** in den Schatten gestellt.

18 [dl] **Souq Madinat Jumeirah.** Zwischen Gartenwegen und Wasserkanälen gelegener moderner Souq des Hotelresorts **Madinat Jumeirah** (s. S. 123), natürlich auch für Nicht-Hotelgäste offen.

Zudem bieten die folgenden Einkaufszentren mit ihren **arabischen Abteilungen** ähnlich gestaltete Shoppingmöglichkeiten:
> **Arabian Souq** in der Mall of the Emirates **28**
> **Arabian Treasures** im Deira City Centre (s. S. 24)
> **Khan Murjan** in der Wafi Mall (s. S. 24)
> **Trade Routes** im Festival Centre (s. S. 24)

Weitere Shoppingwinkel

Jenseits der traditionellen und der neumodischen Souqs und fernab der Riesenmalls gibt es natürlich noch mehr Shoppingmöglichkeiten:

6 [hm] **Karama.** Im vorwiegend von Indern bewohnten Stadtteil Karama gibt es eine Vielzahl an preiswerten Geschäften und kleinen Einkaufszentren, so im Karama Souq an der Rückseite der Za'abeel Rd (zwischen Street 16 und 20). Hier werden hauptsächlich Billig-Bekleidung, Schuhe sowie Ledertaschen und Koffer verkauft. Die zahlreichen Souvenirhändler bieten Kitsch feil. Überall gilt: Handeln ist ein Muss (s. S. 29)!

7 [gl] **Satwa.** In diesem zwischen Bur Dubai und Jumeirah gelegenen Stadtteil findet sich ein arabisch, asiatisch und europäisch geprägtest Warenangebot. In

die glitzernden Schaufenster des Gold Souq **8** und die würzigen Auslagen des Gewürzmarktes Käufer und Neugierige an. In den Straßen drumherum reihen sich Läden mit Waren des täglichen Bedarfs, insbesondere Bekleidung, aneinander und zwischendrin gibt es immer wieder Souvenirgeschäfte.

Neo-orientalische Souqs

Typisch duales Dubai: Man kann in neu gebauten, auf Alt und Orientalisch getrimmten sogenannten „Souqs" shoppen gehen. In den Rekonstruktionen traditioneller Marktviertel ist nichts historisch gewachsen und es findet sich wenig für den alltäglichen Bedarf, dafür kann man durch klimatisierte Gassen bummeln und aus der Vielfalt kunterbunter Souvenirs aus allen Winkeln des Orients schöpfen.

der Al-Satwa Rd finden sich vorwiegend Waren des täglichen Bedarfs, in der 2nd of December Rd (bekannt als Al-Diyafah Rd) Boutiquen, Cafés, Fast-Food-Restaurants und kleinere Einkaufszentren.

🚌8 [bl] Jumeirah Beach Residence Walk.
Im Stadtteil Dubai Marina lädt der ungefähr 1,7 km lange Uferboulevard zum Shoppen ein. Vornehmlich finden sich dort Modeboutiquen und Sportartikelläden, aber auch Cafés. Der sich zwischen den Hotels Hilton und Sheraton ausdehnende **Covent Garden Market** bietet etliche Marktstände mit breitem Angebot an Bekleidung, Accessoires, Dekowaren, Kunsthandwerk, Spielzeug etc. (Oktober–Mai, Mi.–Sa. 17–23 Uhr, www.coventgardenmarket.ae).

Souvenirs

In den **traditionellen Souqs** von Deira ❼ und Bur Dubai ⓫ sowie in Karama (s. S. 26) finden sich diverse Souvenirläden. Zudem gibt es in allen großen Einkaufszentren und in manchen Hotels Souvenirgeschäfte oder Antiquitätenläden – Letztere bieten ein exklusives Warenangebot. Ein großes Angebot an Andenken in **neumodisch-orientalischer Marktatmosphäre** bieten der Souq Madinat Jumeirah ⓲, der Souq Al Bahar ㉗, der Khan Murjan in der Wafi Mall (s. S. 24) sowie der Souq Arabian Treasures im Einkaufszentrum Deira City Centre (s. S. 24). Es gibt unzählige Artikel, die man als Andenken mit nach Hause nehmen kann. Im Folgenden sind einige typische Dinge aufgeführt:

❯ **Souvenirkitsch:** Burj Khalifa auf Aschenbechern, „I love Dubai" auf T-Shirts, eine Palmeninsel in einer Schneekugel, hölzerne Tierfiguren, funkelnde Schatullen, klimpernde Bauchtanzgürtel und vieles mehr

❯ **Kamelkitsch:** Ein beliebtes Souvenirmotiv sind Kamele – auf Postkarten, als Schlüsselanhänger, auf Kappen, als Kühlschrankmagnet, auf Glasuntersetzern, auf Feuerzeugen, auf Einkaufstaschen, auf Kaffeebechern oder auf T-Shirts.

❯ **Weihrauchverbrenner,** meist aus Ton

❯ **Weihrauch:** je heller, desto besser die Qualität, abgepackt in Supermärkten zu kaufen oder lose im Gewürz-Souq (s. S. 72). Das Harz wird in tönernen Brenngefäßen auf glühender Kohle verbrannt.

❯ **Kaffeekannen** mit dem markanten Schnabelausguss

❯ **Traditioneller Silberschmuck:** Halsketten, Armreifen, Finger-, Ohr- und Zehenringe, Gürtel, Haarschmuck, Fußreifen etc.

❯ **Deko-Gegenstände aus Messing:** Tabletts, Wandteller, Kaffeekannen

EXTRATIPP

Kleine orientalische Leckereien

Ein Schuss **Rosenwasser** in Wasser und mit Zucker als Getränk, aber auch im Milchreis (mit Nüssen und Rosinen) oder im Blätterteiggebäck (mit Honig und Pistazien) ist überaus lecker. **Kardamom** kann als ganze Kapsel oder gemahlenes Pulver mit schwarzem Tee oder Kaffee aufgebrüht werden oder man kauft direkt **Gewürzkaffee,** der fertig gemischt mit Kardamom und Safran angeboten wird. Die beliebteste Frucht des Orients ist die **Dattel,** die es sowohl frisch als auch getrocknet oder als Pralinen gibt.

◀ *Der Souq von Bur Dubai* ⓫ *besticht durch sein traditionelles Flair*

Kultkraut Henna

Malereien mit dem **Pflanzenfarb-stoff Henna** sind in den letzten Jahren stark in Mode gekommen. Sie werden sozusagen als „Tattoo Light" angepriesen, doch mit dem Prinzip des Tätowierens hat die Hennakunst wenig gemein. Die Araber glauben, Henna sei eine Gabe Gottes und übertrage „**Baraka**" („Segen"). Neben der Färbeeigenschaft hat Henna auch eine naturheilkundliche Wirkung, **es pflegt und heilt** raue, beanspruchte Haut.

Zunächst werden die getrockneten Blätter des Hennastrauches (lat. „Lawsonia inermis") zu feinem Pulver zermahlen und gefiltert. Das grüne, staubfeine Pulver gibt es für wenig Geld in jedem Supermarkt oder Gewürzladen zu kaufen. Anschließend wird es mit Wasser, Eukalyptusöl und Limonensaft zu einer weichen **Paste** angerührt. Statt Öl und Limone kann man auch den Saft von gekochten Tamarin-den- oder Teeblättern zugeben. Diese Stoffe bewirken, dass der Hennafarbstoff seine Wirkung besser entfaltet. Noch besser ist es, die schlammartige Mixtur vor dem Gebrauch ein bis zwei Stunden in der Sonne gären zu lassen. Es werden aber auch gebrauchsfertige Mischungen angeboten.

Nach dem Auftragen der Hennapaste wird das **Farbpigment** von der Haut aufgenommen. Das Ganze ist wasserfest und wird ohne Folgeschäden nach ca. drei Wochen abgebaut. Meist werden Handinnenflächen, Fingerkuppen und Fingernägel verziert, zu besonders feierlichen Anlässen auch Füße und Knöchel. Vor einem großen Fest treffen sich die weiblichen Familienmitglieder und üben das **Schönheitsritual** des Färbens gemeinsam aus. Bei Hochzeiten wird die Braut besonders aufwendig herausgeputzt - immerhin wird ihr so ein besonderer Segen zuteil.

Touristinnen können als originelles **Souvenir** *eine formvollendete Henna-malerei „mit nach Hause nehmen", zahlreiche Schönheitssalons bieten diesen Dienst an. „Gut Henna" braucht allerdings Zeit, nicht unbedingt zum Auftragen, aber umso mehr zum Trocknen. Wenn die Paste vollständig getrocknet ist, kann sie (am besten mit einem Messer) abgekratzt werden, dann sollte die Haut etwa einen halben Tag lang nicht gewaschen werden. Nicht erschrecken, wenn die Haut zuerst in einem* **grellen Orange** *leuchtet: Über Nacht wandelt sich dies in einen natürlichen* **Braunton,** *der etwa drei Wochen hält – allerdings in der letzten Woche ausgebleicht ein wenig nach Hautausschlag aussieht …*

● **9** *[dl]* **Heritage for Henna,** *Souk Madinat Jumeirah, Shop No. 64, www.heritageforhenna.com, Tel. 3686516, geöffnet: 10–22 Uhr, auch im Souq Al Bahar* ㉑ *und in den Hotels Burj Al Arab, Jumeirah Beach Hotel, Emirates Towers, Mina A' Salam Hotel (in Madinat Jumeirah), Bab Al Shams, Sheraton Jumeirah Beach, Hilton Jumeirah, Ritz Carlton, Jebel Ali Golf Resort and Spa. Hennastudio, das klassisch-arabische und indische Muster, aber auch moderne Motive aufträgt. Wünsche der Touristen werden gerne erfüllt und völlig „unarabisch" werden auch Männer bemalt.*

◀ *Feinste Hennamalerei mit Blumenmuster*

> **Parfüm, individuell gemischte Duftöle und Räuchermischungen:** In unzähligen Parfümerien und Kosmetikläden in den Souqs, Einkaufszentren und Malls sind vielfältige Duftölnuancen erhältlich (100 ml ab 5 Dh). Zum Verbrennen gedachte traditionelle Duftmischungen beinhalten Mischungen aus Sandelholz, Weihrauch, Myrrhe, Moschus, Rosenblättern, Ölen und Blüten und werden in tönernen Weihrauchbrennern auf glühender Kohle verbrannt.

> **Wasserpfeifen:** Auch für Nichtraucher einen Versuch wert, denn der aromatische Rauch wird wassergekühlt und ist daher mild.

> **Wasserpfeifentabak:** Den klebrigen Tabak gibt es entweder „pur" oder auch aromatisiert mit Fruchtgeschmack in Souqs und Supermärkten.

> **Traditionelle Kleidung:** Zahlreiche Touristinnen finden Gefallen an den farbenfrohen Kleidern, die mit aufwendigen Stickereien und Applikationen versehen sind. Arabische wie auch indische Modelle finden sich in vielen Varianten in den Souq-Arealen von Deira ❼ und Bur Dubai ⓫.

Handeln – orientalisch und obligatorisch

Das typisch orientalische Feilschen ist eine Sache für sich. Ein Tausch von Gut gegen Geld wäre viel zu einfach – ein guter Deal braucht seine Zeit. Freundliche Wortscharmützel um Preis und Qualität gehören oft zu einem Einkauf dazu. Handeln ist die Kunst des gezielten Umweges, eine interessante Kommunikationsform, ein Ausdruck der Lebensfreude und fast schon ein Ritual.

In den Läden der traditionellen Souqs sind die wenigsten Waren mit einem Preis ausgezeichnet – mit Ausnahme von typischen Touristen-Souvenirläden. Wer sich für etwas interessiert, muss als Erstes nach dem Preis – genauer gesagt nach dem Wert, den der Händler als **Ausgangsbasis** für angemessen hält – fragen. Die genannte Summe ist der Ansatzpunkt für das meist dazugehörende Verhandlungsgespräch, es ist (noch) nicht der Endpreis der Ware.

Handeln ist nichts Unseriöses oder Unsittliches – im Gegenteil! Beim Handeln geht es nicht darum, einen Preisnachlass zu erbitten oder den billigsten Kaufpreis für sich herauszuschlagen. Es geht darum, einen **Preisaufschlag möglichst niedrig zu halten** und sich auf eine gerechte Summe zu einigen. Durch faires und fantasievolles Handeln steigert der Käufer sein Ansehen ungemein.

Besonders beim Kauf von Souvenirs muss man handeln, es gehört einfach dazu. **Festpreise** gelten für Lebensmittel und in Supermärkten, ansonsten kann man die gängige Möglichkeit, einen „Discount" zu erzielen, nahezu überall nutzen – in den Läden der Souqs und selbst in Goldgeschäften oder exklusiven Boutiquen. Sogar in Souvenirläden, die ein „Fixed Prices"-Schild im Schaufenster aufgestellt haben, sollte man das Handeln nicht unversucht lassen.

Den Versuch, zu feilschen, werden die meisten Händler mit einem

O18du Abb.: jm

verschmitzten, aber einladenden Lächeln beantworten. Wer allerdings keinen Preisnachlass anstrebt, dem wird selten einer eingeräumt. Dann freuen sich die Kaufmänner über ihre hohe Gewinnspanne und denken sich ihren Teil über das Unvermögen **des Spielverderbers.**

Absolut unhöflich wäre es, nach einem vollendeten Preiseinigungsgespräch einen **Rückzieher** zu machen und die Ware nicht zu kaufen. Bitte beim Handeln möglichst früh ausstei-

---

EXTRATIPP

Kein Schachern

Ein Hinweis an alle, die schon andere Länder des Orients besucht haben: In Dubai geht es beim Handeln deutlich **dezenter und unaufdringlicher** zu. Auch ist ein allzu starkes **Drücken des Preises** hier unüblich und wird als würdeloses Schachern verpönt.

▲ *Souvenirshops im neo-arabischen Souq Madinat Jumeirah* **⑱**

▶ *Orientalische Duftöl-Vielfalt*

gen und bloß keine Verhandlung be-
ginnen, wenn am Anfang schon klar
ist, das man keinerlei Kaufinteresse
hat.

Interessante Geschäfte

🛍**10** [dm] **Ajmal Perfumes,** Al-Barsha, Mall
of the Emirates, Tel. 3414151, geöffnet:
Sa.–Do. 10–22, Fr. 15–22 Uhr, auch in
den Einkaufszentren Deira City Centre,
BurJuman Centre, Wafi Mall, The Dubai
Mall und im Deira Gold Souq, www.
ajmalperfume.com. Protziger Parfüm-
händler mit kräftigen arabischen Düf-
ten. Tipp für Arglose: Arabisches Parfüm
und traditionelle Duftöle sind deutlich
intensiver, würziger und schwerer als
westliche – zunächst besser sparsam
auftragen.

🛍**11** [gm] **Al-Jaber Gallery,** Downtown
Dubai, The Dubai Mall, Tel. 3398566,
www.aljaber.ae, geöffnet: 10–22 Uhr,
auch in den Einkaufszentren Deira City
Centre, Ibn Battuta Mall, Souq Madinat Jumeirah, Mall of the Emirates sowie
im Souq Al Bahar und im Deira Gold
Souq. Große Auswahl an arabisch-ori-
entalischen Handarbeiten, Antiquitäten,
Souvenirs.

🛍**12** [dl] **Arabian Oud,** Al-Sufouh, Souq
Madinat Jumeirah, Tel. 3686586, geöffnet: 10–22 Uhr, auch in den Einkaufszentren Deira City Centre, Wafi Mall,
BurJuman Centre, Ibn Battuta, www.
arabianoud.com. Orientalisches Ambiente und westliches Interieur mit riesiger
Auswahl an arabischen Duftstoffen. Man
kann sich seine eigene Duftölmischung
kreieren und in raffinierte Flakons füllen lassen.

🛍**13** [B6] **Bateel,** Bur Dubai, BurJu-
man Centre, Tel. 3552853, geöffnet:
10–22 Uhr, auch in den Einkaufszentren
Town Centre, Souq Al Bahar, Deira City
Centre, Festival Centre, The Dubai Mall,
The Avenues Atlantis, Marina Mall, www.

bateel.ae. Erlesene Datteln, Dattelprali-
nen und weitere Dattelprodukte.

🛍**14** [im] **Borders,** Garhoud, Deira City
Centre, Tel. 2943344, geöffnet:
10–22 Uhr, auch in den Einkaufszentren
Mall of the Emirates, Ibn Battuta Mall,
Marina Mall und im Dubai International
Financial Centre, www.bordersstores.
com. Buchladenkette mit englischspra-
chigen Büchern.

🛍**15** [im] **Damas,** Garhoud, Deira City
Centre, Tel. 2953848, www.damasjewel.
com, geöffnet: 10–22 Uhr, auch in den
Einkaufszentren BurJuman Centre, Festi-
val Centre, Marina Mall, Ibn Battuta Mall,
Mercato Mall, Town Centre, Reef Mall.
Juwelier der Spitzenklasse.

🛍**17** [gm] **Kinokuniya Bookstore,** Downtown Dubai, The Dubai Mall, Tel.
4340111, www.kinokuniya.co.jp, geöffnet: 10–22 Uhr. Riesiger Buchladen mit
großer Auswahl an englischsprachigen
Büchern, Zeitungen und Zeitschriften.
Probelesen in der Sitzecke erwünscht.

🛍**20** [gm] **Pinctada Pearls,** Downtown
Dubai, The Dubai Mall, Tel. 4340239,
www.pinctada.com, geöffnet:
10–22 Uhr, auch in den Hotels Al-Qasr
und Mina A' Salam (in Madinat Jumeirah), Burj Al Arab, The Ritz Carlton, The
One and Only Royal Mirage. Spezialisiert
auf Perlen und Perlenschmuck.

019du Abb.: kk

Dubai für Genießer

Dubai gleicht einem Schlaraffenland! Es gibt unglaublich viele Restaurants, (Speise-)Kneipen, Imbisse, Cafés, Eisdielen, Bars und Cocktail-Lounges mit einer entsprechend großen kulinarischen Vielfalt, die keine Ländergrenzen kennt. Je nach Geschmack und Geldbeutel kann man zwischen einem Festmahl oder einem einfachen Imbiss wählen.

Sehr beliebt und gar nicht so teuer sind die üppigen **Büfetts**, insbesondere zum Frühstück und mittags, wenn es für viele Berufstätige um eine schnelle Mahlzeit geht (Preis in einem Mittelklasse-Straßenrestaurant 15–40 Dh). Abends wird meist à la carte gespeist.

Die meisten **Restaurants**, vor allem die der Hotels, servieren von 12 bis 15 und von 19 bis 23 Uhr. Am Freitagmittag (wichtige muslimische Gebetszeit) schließen viele Straßenrestaurants, Hotelrestaurants haben dagegen geöffnet. Restaurants und Cafés **in den Einkaufszentren** haben meist durchgehende Öffnungszeiten von 10 bis 22 Uhr (z. T. freitags während der Gebetszeit geschlossen), auch wenn manche benachbarten Geschäfte und Boutiqen über Mittag geschlossen sind. Auch die *Food Courts* sind durchgängig geöffnet (außer freitags). Sonderregelungen gelten während des Fastenmonats **Ramadan** (s. S. 20).

Wer die **Vielfalt** liebt, findet eine große Auswahl an Restaurants und anderen Einkehrmöglichkeiten in

▶ *In Dubai genießt man frische Produkte wie hier bei den Köchen der Emirates Academy of Hospitality Management*

Preisgünstiger Imbiss

In den meisten der unzähligen kleinen und billigen Straßenrestaurants bekommt man **Sandwiches, Burger** und indische und pakistanische **Reisgerichte**. Standardbeläge für Sandwiches sind z. B. *chicken* (Huhn), *mutton* (Hammelfleisch) und *shrimps* (Krabben). Am verbreitetsten ist das arabische „shawarma": auf einem Drehspieß gegrilltes Lamm- oder Hühnchenfleisch, das mit Salat in eine typisch arabische Brottasche gerollt und als Sandwich gereicht wird. Vegetarier können *felafel* (Kichererbsenbratlinge) oder *foul* (Bohnenbreifüllung) wählen. Sandwiches kosten 3 bis 5 Dh, Burger 10 bis 15 Dh und *shawarma* 3 bis 5 Dh.

Eine weitverbreitete indische Schnellmahlzeit ist „thali". Neben Reis und Brot bekommt man verschiedene kleine Schälchen mit Currysoßen, die so lange aufgefüllt werden, bis man satt ist. *Thali* kostet meist 7 bis 15 Dh. Noch preiswerter (3–5 Dh) sind *marsala dhosa*, eine Art hauchdünner, knuspriger Linsenmehl-Crêpe mit pikanter Füllung. *Tikka*, gegrillte Fleischstücke, sind ebenfalls preiswert und an nahezu allen Imbissen zu haben.

Straßen mit etlichen **preiswerten Schnellrestaurants** sind: Al-Rigga Rd (Al-Rigga), 2nd of December Rd (Satwa), Trade Centre Rd (Karama), Jumeirah Beach Rd (Jumeirah) sowie die Shaikh Zayed Rd (Satwa, Service Lane). Vielfalt bieten auch die **Food Courts** der großen Einkaufszentren. Übrigens: In einfachen Restaurants, Imbissen und Fast-Food-Lokalen ist es **unüblich, Trinkgeld zu geben.**

den **Malls** (s. S. 23) und den verschiedenen **Souqs** (z. B. Souq Al Bahar ㉗ und Souq Madinat Jumeirah ⑱). Die volle Vielfalt bietet die **Festival City** ❻ (z. B. im Marina Restaurant Pavilion und am Canal Walk und in den Hotels) sowie die **Dubai Marina** ㉒ (z. B. in den zahlreichen Hotels, am Marina Walk und am Jumeirah Beach Residence Walk). Auch in den „Restaurant-Siedlungen" **Century Village** und **The Irish Village** lässt es sich schlemmen.

Etliche **Restaurants der 3- und 2-Sterne-Hotels** sind leider wenig empfehlenswert. Die Auswahl ist klein, die Kochkunst bescheiden, der Preis zu hoch und das Ambiente selten der Rede wert. Für das gleiche Geld kann man in einem Restaurant außerhalb wesentlich geschmackvoller und gemütlicher essen.

Auf der Karte von Hotelrestaurants findet man zudem die **Zeichen ++**. Sie bedeuten, dass zum Preis für das Essen noch 10 bis 15 % *municipality tax* (Gemeindesteuer) und *service charge* (Servicegebühr) addiert werden. Dies ist nur in Hotellokalen erlaubt!

Alkohol (s. S. 40) wird in nahezu allen Hotelrestaurants (sowie in Bars, Nachtklubs etc.) ausgeschenkt, nicht jedoch außerhalb. Eine Ausnahme bilden beispielsweise Restaurants im Souq Madinat Jumeirah ⑱ oder im Souq Al Bahar ㉗, denn diese werden von Hotelierfirmen unterhalten, die eine Schanklizenz besitzen.

🕐**21** [im] **Century Village und The Irish Village,** Garhoud, Street 31A, Century Village, www.centuryvillage.ae, Tel. 2824122, geöffnet: 12–15, 19–23 Uhr. Irish Village, www.irishvillage.ae, Tel. 2824752, geöffnet: 11–1 Uhr. Im Stadtteil Garhoud, nahe der Garhoud-Brücke, wurde das Tennisstadion mit Lokalen umbaut. Auf der einen Seite kann man im Century Village entweder drinnen in den Restaurants sitzen oder auch „al fresco" schattig zwischen Brunnen. Die Restaurants entsprechen der mittleren Preisklasse. Hier findet jeder das Richtige – italienisch, portugiesisch, chinesisch, arabisch, indisch, persisch, thailändisch, Sushi und Alkoholika – außerdem ist die Stimmung klasse. Auch Cafés und Bistros bieten Speis und Trank.

Am anderen Ende des Stadions liegt das Irish Village, ein beliebter Treff vieler in Dubai lebender westlicher Residenten. Es handelt sich um ein detailgetreu nachgebautes irisches Dorf mit irischen Speisen, Guinness und abendlichem Live-Folk, manchmal auch Comedy.

Ausgewählte Restaurants

Orientalische Speisekarte

Wer authentisch Arabisch essen möchte, für den bieten libanesische Restaurants genau das Richtige. Oder wie wäre es mit persischer, marokkanischer oder türkischer Küche? Viele Restaurants bieten auch die Möglichkeit, eine Wasserpfeife zu rauchen.

22 [fm] **Al Balad** €€, Downtown Dubai, Souq Al Bahar, Tel. 2733330, www.alkoufa.com, geöffnet: 9–23 Uhr. Neu-arabisch-urbanes Restaurant, klassisch-libanesische Speisen mit europäischen Einflüssen, auch Frühstück, keine Alkoholika.

Preiskategorien

Richtwert für ein Essen pro Person exklusive Getränke.

€	Preiswert, ca. 10 bis 50 Dh (ca. 2–11 €)
€€	Mittelpreisig, ca. 50 bis 120 Dh (ca. 11–26 €)
€€€	Kostspielig, ab ca. 120 Dh (ab ca. 26 €)

23 [D1] **Al-Bandar** €€, Shindagha, Heritage Village, Tel. 3939001, www.alkoufa.com, geöffnet: 12–1 Uhr. Arabische Speisen und Seafood am Creekufer beim Shindagha-Volkskundeviertel.

24 [G4] **Al Kabab Al Afghani House** €, Deira, 9A Street, Tel. 2733330, geöffnet: 10–1 Uhr. Grillfleisch preiswert und butterweich, auch Reisgerichte und stets ofenfrisches Brot, keine Alkoholika.

25 [dl] **Al-Makan** €€, Al-Sufouh, Souq Madinat Jumeirah, Tel. 3686593, www.alkoufa.com, geöffnet: 12–1 Uhr. Schön gelegenes Restaurant mit arabischen und sonst selten zu bekommenden emiratischen Köstlichkeiten, keine Alkoholika, pittoreske Terrasse.

26 [gl] **Automatic Restaurant and Grill** €, Jumeirah, Jumeirah Rd im Beach Centre, Tel. 3494888, geöffnet: 11.30–23 Uhr, auch Al-Rigga (Al-Rigga Rd), Bur Dubai (Al-Khaleej Centre), Bur Dubai (Khaleed bin al-Waleed Rd), Dubai Marina (The Walk), Ibn Battuta Mall. Große Auswahl an typisch arabischen Speisen, keine Alkoholika.

27 [D4] **Bastakiah Nights** €€€, Bur Dubai, im Bastakiya-Viertel am Creek, Tel. 3537772, www.bastakiah.com, geöffnet: 12.30–23.30 Uhr. Hinter den massiven Holztüren verbirgt sich ein stilvoll und traditionell eingerichtetes Restaurant mit authentisch-arabischen Menüs, keine Alkoholika, Sitzplätze im Innenhof, auch private Speiseräume, Schmuck- und Handarbeitenshop.

28 [C2] **Bait al-Wakeel** €€, Bur Dubai, Old Souq, Tel. 3530530, geöffnet: 12–24 Uhr. Arabische und sonstige Spei-

Gastro- und Nightlife-Areale

Bläulich hervorgehobene Bereiche in den Karten kennzeichnen Gebiete mit einem dichten Angebot an Restaurants, Bars, Klubs, Discos etc.

sen in historischem Handelshaus, auch Grillgerichte und Wasserpfeifen, mit herrlich gelegener Terrasse über dem Creek.

29 [D1] **Kan Zaman** €€, Shindagha, Heritage Village, www.alkoufa.com, Tel. 3939913, geöffnet: 17–1 Uhr. Arabische Speisen und Wasserpfeifen an der Creek-Uferpromenade beim Shindagha-Viertel. WLAN-Hotspot.

30 [H3] **Karachi Darbar** €, Deira, Al-Musalla Rd, www.karachidarbargroup.com, Tel. 2723755, geöffnet: 5–1 Uhr, auch Deira: Al-Nakhal Rd, Bur Dubai: Al-Fahidi Rd, Karama: beim Lulu Centre, Satwa: Al-Satwa Rd. Populäre, günstige pakistanische Restaurantkette, keine Alkoholika.

31 [hm] **Khan Murjan** €€, Umm Hurair, Wafi Mall, Tel. 3279795, www.wafi. com, geöffnet: 11–22 Uhr. Orientalische Kost und Grillspeisen diverser Länder in einem detailgetreu arabisch gestalteten Innenhof im Souq-Areal Khan Murjan.

32 [ck] **Levantine** €€€, Palm Jumeirah, im Hotel Atlantis The Palm, Tel. 2610000, www.atlantisthepalm.com, geöffnet: 19–1 Uhr. Geräumiges Restaurant mit libanesischen Leckereien, Showküche, arabische Musik und Bauchtanzshows.

33 [gl] **Pars** €€, Satwa, 2nd of December Rd, Tel. 3894000, geöffnet: 7–23 Uhr. Delikate persische Speisen, Grillgerichte und Süßigkeiten, keine Alkoholika, gemütliche Terrasse.

34 [gl] **Ravi's** €, Satwa, Al-Satwa Rd am Al-Satwa R/A, Tel. 3315353, geöffnet: 5–3 Uhr. Beliebter Pakistaner mit Punjab-Küche, keine Alkoholika.

35 [fl] **Reem al-Bawadi** €€, Jumeirah, Jumeirah Rd, www.reemalbawadi.com, Tel. 3947444, geöffnet: 9–2 Uhr, auch in der Shaikh Zayed Rd. Beliebtes, orientalisch eingerichtetes Restaurant mit libanesischen Speisen und Wasserpfeifen, keine Alkoholika, Außenterrasse.

36 [dl] **Shoo Fe Ma Fee** €€€, Al-Sufouh, Madinat Jumeirah, Tel. 3666730,

www.jumeirah.com, geöffnet: Di.–So. 19–1 Uhr. Erstklassige marokkanische Speisen in ebenso dekoriertem Restaurant samt Lounge, Livemusik, herrliche Außenterrasse, auch Wasserpfeifen.

37 [bl] **Tagine** €€€, Dubai Marina, im The Palace Hotel vom The One and Only Royal Mirage, Tel. 3999999, www.oneandonlyresorts.com, geöffnet: Di.–So. 19.30–23.30 Uhr. Märchenhaftes Restaurant mit aufwendigem Interieur mit marokkanischen Spezialitäten zu Livemusik.

38 [im] **Topkapi** €€, Al-Rigga, im Taj Palace Hotel, Tel. 2232222, www. tajhotels.com, geöffnet: 12–15.30, 19–23.30 Uhr. Türkische und arabische Speisen in ruhigem Ambiente, kein Alkoholausschank.

Kulinarische Weltreise

In Dubai kann man auf kulinarische Weltreise gehen: von Texas über die Toskana bis nach Thailand.

39 [H2] **Al-Dawaar** €€€, Deira, Corniche Rd, im Hyatt Regency Hotel, Tel. 3172222, www.dubai.regency.hyatt. com, geöffnet: 12.30–15.30, 18.30–23.30 Uhr. Sky-Dining: Internationales Büfett in Dubais einzigem Drehrestaurant, Tische am Fenster vorbestellen.

40 [dl] **Al Mahara** €€€, Al-Sufouh, Jumeirah Rd, im Burj Al Arab Hotel, Tel. 3017600, www.jumeirah.com, geöffnet: 12.30–15, 19–24 Uhr. Exquisite Fischgerichte vor der Kulisse eines riesigen Aquariums, umsäumt von Korallen und beäugt von bunten Fischen, Anreise per Spezialfahrstuhl mit „Unterseeboot"-Effekten, Reservierung erforderlich, elegante Kleidung erwünscht.

41 [dl] **Al Muntaha** €€€, Al-Sufouh, im Burj Al Arab Hotel, Tel. 3017600, www. jumeirah.com, geöffnet: 12.30–15, 19–24 Uhr. Als Gipfel der Genüsse wird 200 m über dem Meer feinste modern-mediterrane Kost mit Ausblick auf Palm

Jumeirah und The World serviert, abends Livejazz, auch Skyview Bar, Reservierung notwendig, elegante Kleidung erwünscht.

🍴**42** [gl] **Cactus Cantina** €€, Satwa, 2nd of December Rd, im Rydges Plaza Hotel, Tel. 3982274, www.cactuscantinadubai.com, geöffnet: 12–1 Uhr. Beliebtes Tex-Mex- und Latino-Restaurant.

🍴**43** [A1] **Caesar's** €, Bur Dubai, Khaleed bin al Waleed Rd am Falcon R/A, Tel. 3931300, www.caesars-uae.com, 12–24 Uhr, auch Al-Rigga: Al-Rigga Rd, Al-Mankhool: Kuwait Rd, Karama: Za'abeel Rd, Deira: am Uhrturm, Garhoud: neben Le Meridien Hotel. Indisch, chinesisch, persisch, kontinental, Grill- und Fischgerichte, Süßspeisen, keine Alkoholika.

🍴**44** [im] **Caravan** €, Al-Rigga, Rückseite der Al-Ittihad Rd beim Flame R/A, Tel. 2953804, geöffnet: 12–15, 19–23 Uhr. Indisch, Chinesisch, Thai und Arabisch, täglich Büfett, keine Alkoholika.

🍴**45** [dm] **Chill Out Ice Lounge** €€, Shaikh Zayed Rd, im Times Square Einkaufszentrum, www.chilloutatdubai.com, Tel. 3418121, geöffnet: 10–22 Uhr. Wahrlich „cool": auf −6 Grad gekühlte Eis-Lounge (keine Alkoholika) mit Eiswänden, Eistischen, Eisstühlen und Eisgläsern, serviert werden beispielsweise kühle Drinks, heiße Suppen, Schokoladenfondue und Grillfleischspieße, wärmende Anziehsachen werden ausgeliehen.

🍴**46** [im] **China Sea** €, Deira, Al-Maktoum Rd nahe am Uhrturm, Tel. 2959816, geöffnet: 11–1 Uhr. Chinesisches Restaurant, das frische Kost zu fairen Preisen bietet, private Karaoke-Zimmer.

🍴**47** [dl] **Der Keller** €€€, Jumeirah, Jumeirah Rd, im Jumeirah Beach Hotel, Tel. 4068999, www.jumeirah.com, geöff-

▲ *Das Interieur des Restaurants Al Muntaha (s. S. 35)*

net: Mo.–Sa. 18–1 Uhr. Speisekneipe mit deutschen Schmankerln, deutschem Bier und Kellnerinnen im Dirndl.

🛈48 [bl] **Eauzone** €€€, Dubai Marina, im Arabian Court des One and Only Royal Mirage Hotels, www.oneandonlyresorts.com, Tel. 3999999, geöffnet: 12–15.30, 19–23.30 Uhr. Fernöstlich beeinflusste Menüs in romantischer Bilderbuchkulisse zwischen Swimmingpool, Strand und Palmen.

🛈49 [fm] **Fazaris** €€€, Downtown Dubai, im Hotel The Address Downtown Dubai, Tel. 8883444, www.theaddress.com, geöffnet: 7–11, 12–15, 19–24 Uhr. Asiatische, indische, arabische und mediterrane Kost aus der Showküche, auch Frühstücksbüfetts, mit Außenterrasse.

🛈50 [B2] **Golden Fork** €, Bur Dubai, gegenüber vom Astoria Hotel, Tel. 3934745, www.goldenforkgroup.com, geöffnet: 10–2 Uhr, auch in Deira: Baniyas-Platz, Al-Rigga: Al-Rigga Rd, Satwa: Dune Centre und am Satwa R/A, Dubai Marina. Preiswerte Kost für jeden Geschmack: internationale, kontinentale, indische, chinesische arabische Küche und auch Fischgerichte, keine Alkoholika.

🛈51 [hl] **Kamat** €, Al-Mankhool, Kuwait Rd, Tel. 3598444, geöffnet: 10.30–15, 19–23.30 Uhr, auch in der Internet City, www.kamatdubai.com. Über 300 vegetarische Menüs und interessante Süßspeisen, keine Alkoholika.

🛈52 [A2] **Kwality** €, Bur Dubai, Khalid bin al-Waleed Rd, Tel. 3936563, geöffnet: 12–15, 19–23 Uhr, auch in Oud Metha in der Lamcy Plaza. Authentische nordindische Speisen und vegetarische Gerichte, keine Alkoholika.

EXTRATIPP

Lokale mit guter Aussicht
> **Al-Dawaar** (s. S. 35): international speisen und dabei aus Dubais einzigem Drehrestaurant den Blick auf Deira genießen
> **At.mosphere** (s. S. 42): erlesene Drinks und Dubai zu Füßen hoch oben im Burj Khalifa
> **Thiptara** (s. S. 38): thailändische Spezialitäten mit Blick auf Burj Khalifa und die Brunnen-Wasserspiele
> **Up on the Tenth** (s. S. 43): Livejazz und ein toller Blick auf den Creek

🛈53 [hm] **Medzo** €€, Umm Hurair, Shaikh Rashid Rd, Wafi Mall, Tel. 3244100, www.wafi.com, geöffnet: 12.30–15, 19.30–23 Uhr. Beliebtes italienisches Restaurant mit exzellenter Antipasti-Auswahl, klimagekühlte Terrasse.

🛈54 [gl] **Nando's** €€, Satwa, Shaikh Zayed Rd im Saeed Tower, Tel. 3212000, www.nandos.com, geöffnet: 11–23 Uhr, auch in The Dubai Mall. Spezialität ist portu-

022du Abb.: ahr

▶ *Die Köche im Restaurant Fazaris zaubern vielfältige Gerichte auf die Teller*

giesisches Peri-Peri-Huhn in verschiedenen Schärfegraden, keine Alkoholika.

55 [dl] **Pierchic** €€€, Al-Sufouh, Al-Qasr Hotel, Madinat Jumeirah, Tel. 3666730, www.madinatjumeirah.com, geöffnet: 12–15.30, 19–23.30 Uhr. Feinste Fischgerichte und Seafood in einem meerumspülten Restaurant, elegant und romantisch.

56 [hm] **Planet Hollywood** €€, Umm Hurair, Wafi Mall, Tel. 3244777, www.wafi.com, geöffnet: 12–24 Uhr. Hollywood verschriebener amerikanischer Diner mit Burgern, Steaks und Pizzas.

57 [fl] **Sea World** €€, Al-Wasl, Shaikh Zayed Rd, Tel. 3211500, geöffnet: 12–15, 19–23 Uhr. Fisch und Meeresfrüchte getreu dem Werbeslogan: „Egal was aus dem Meer, wir haben es!", keine Alkoholika.

58 [hm] **Seville's** €€, Umm Hurair, Shaikh Rashid Rd, Wafi Mall, Tel. 3244777, www.wafi.com, geöffnet: 12–1 Uhr. Tapas, spanische Spezialitäten, Estrella (Lager-Bier) und Sangria zu Gitarrenklängen, mit Außenterrasse.

59 [fm] **Thiptara** €€€, Downtown Dubai, im Hotel The Palace – The Old Town, Tel. 8883444, www.theaddress.com, geöffnet: 19–24 Uhr. Thailändische Kost und Meeresfrüchte, Ausblicke auf Dubai Fountain und Burj Khalifa, schöne Außenterrasse.

EXTRATIPP

Beim Kaffeegenuss im Internet
WLAN-Hotspots bieten kabellosen Internetzugang. In nahezu allen großen **Malls und Einkaufszentren** finden sich Cafés, die Gästen diesen Service bieten. So beispielsweise in Cafés der Kette **Starbucks** in The Dubai Mall 26, BurJuman Centre 14, Deira City Centre (s. S. 24), Wafi Mall (s. S. 24), Mall of the Emirates 28 und Mercato Mall (s. S. 24) oder bei **The Coffee Bean and Tea Leaf** (z. B. in BurJuman Centre, Mall of the Emirates) bzw. **Barista Espresso** (z. B. BurJuman Centre, Mall of the Emirates) oder bei **Second Cup** (The Dubai Mall, Mall of the Emirates) und **Caribou Coffee** in der Wafi Mall, dem Dubai Festival Centre (s. S. 24) und The Dubai Mall.

Cafés

Alle Einkaufszentren haben Cafés – je größer der Shoppingtempel, desto höher die Anzahl. Auch in den meisten Hotels gibt es Cafés oder Coffeeshops. Zu kühleren Tageszeiten draußen sitzen kann man in den Gärten bzw. auf den Terrassen oder an den Uferpromenaden des Souq Madinat Jumeirah 18, des Souq Al Bahar 27,

O23du Abb.: at

Smoker's Guide

*In Dubai gilt ein generelles **Rauchverbot in allen öffentlichen Räumen** (also auch in Museen, Restaurants, Einkaufszentren, Freizeiteinrichtungen, Sportstätten, Schulen, Ämtern, Banken etc.), in allen **öffentlichen Verkehrsmitteln** und an deren **Haltestellen** sowie in allen **Autos**, in denen **Kinder** unter 12 Jahren mitfahren. **Erlaubt** ist **Rauchen** dagegen in ausgeschilderten **Sonderzonen** und **Außenarealen** (z. B. von Restaurants) sowie in **Bars** und **Nachtklubs**. Das Rauchen von **Wasserpfeifen** ist in Restaurants, Bars und Klubs erlaubt, nicht jedoch in der Öffentlichkeit, wie z. B in Parks oder am Strand.*

*Während des **Fastenmonats Ramadan** darf nirgendwo in der Öffentlichkeit geraucht werden und **in Zukunft** soll das Zigarettenrauchen **in der Öffentlichkeit generell untersagt** werden, also auch draußen. Als erste Stufe gilt dies schon an Stränden.*

*Auf **Tabakprodukten** muss deutlich vor der gesundheitsschädigenden Wirkung von Rauchen aufmerksam gemacht und sie dürfen nicht an unter 18-Jährige verkauft werden. Bei **Zuwiderhandlungen** drohen hohe Geldstrafen oder sogar Gefängnisaufenthalte. Auch wer seinen Glimmstengel auf die Straße statt in eine Mülltonne wirft, kann mit einer Geldbuße rechnen.*

der Dubai Festival City ❻ und der Dubai Marina ㉒.

❭ **Bait al-Wakeel** (s. S. 34). Caféterrasse an historischem Handelshaus, auch Wasserpfeifen und Restaurantkost mit herrlichem Creek-Blick.

◗**60** [D4] **Basta Arts Café**, Bur Dubai, Bastakiya, Tel. 3535071, geöffnet: 8–8 Uhr. Innenhof- und Kunstcafé im Volkskundeviertel in einem alten Windturmhaus, mit viel gerühmten Fruchtsäften.

◗**61** [gl] **Café Céramique**, Jumeirah, im Einkaufszentrum Town Centre, Tel. 3347331, geöffnet: 9–21 Uhr, auch im Einkaufszentrum Festival Centre der Dubai Festival City, www.cafeceramique.com. Café und Kunststudio in einem: Kaffee trinken, Snacks speisen und nach eigenem kreativem Gespür Geschirr dekorieren, auch Keramik-Workshops.

◗**62** [gl] **Lime Tree Café**, Jumeirah, Jumeirah Beach Rd, nahe der Jumeirah Moschee, www.thelimetreecafe.com, Tel. 3498498, geöffnet: 7.30–18 Uhr. Kinderfreundliches Café mit frischer, gesunder Kost in einer limonengrün gestrichenen Villa, mit Innenhof- und Dachterrasse, auch in der Ibn Battuta Mall und in der Media City.

◗**63** [gl] **Saladicious Café**, Jumeirah, Al-Hudaiba St, hinter der Jumeirah Moschee, www.saladicious.com, Tel. 80072523, geöffnet: 8–23 Uhr. Ideal für Kalorienzähler: Salate in etlichen Variationen, auch andere frische Speisen. WLAN-Hotspot.

❭ **XVA Café** (s. S. 120), Tel. 3535383. www.xvahotel.com, geöffnet: Sa.–Do. 9–19 Uhr. Gemütliches Innenhof- und Kunstcafé, das vegetarische Kost in einem historischem Windturmhaus (auch Hotel) bietet, WLAN Hotspot.

◀ *Schleckereien im Hotel Atlantis the Palm (s. S. 122)*

EXTRATIPP

Für den späten Hunger

> **Karachi Darbar** (s. S. 35): populäre pakistanische Restaurantkette in Deira und Bur Dubai
> **Ravi's** (s. S. 35): preiswerte Punjab-Kost in Satwa

Lecker vegetarisch

> **Kamat** (s. S. 37): indische Küche samt Süßspeisen in Al-Mankhool
> **Kwality** (s. S. 37): preiswert indisch essen in Bur Dubai
> **Saladicious Café** (s. S. 39): Salate, Salate und noch mehr Salate im Viertel Jumeirah

Dinner for one

> **Café Céramique** (s. S. 39): eventuelle Langeweile kreativ bekämpfen
> **Der Keller** (s. S. 36): deutsches Publikum zum Zuprosten
> **El Malecón** (s. S. 42): einen Sambapartner finden klappt meist schnell

Für Verliebte

> **Bahri Bar** (s. S. 42): Meeresrauschen und Jazzklänge in schicker Bar
> **Tagine** (s. S. 35): Candle-Light-Dinner mit marokanischen Schlemmereien
> **Eauzone** (s. S. 37): Romantik im Privatpavillon mit Meeresblick und fernöstlichen Speisen
> **Pierchic** (s. S. 38): ins Meer hineingebautes Restaurant für Fisch- und Meeresfrüchte

Raucher willkommen

> **Reem al-Bawadi** (s. S. 35): Wasserpfeife schmauchen und libanesisch speisen
> **Sherlock Holmes** (s. S. 43): englischer Pub mit Zigarrenraum
> **Shoo Fe Ma Fee** (s. S. 35): marokkanische Restaurant-Lounge mit Wasserpfeifen
> **The Cigar Bar** (s. S. 43): Zigarrenbar mit edler Auswahl

Alkohol

*Wer glaubt, in arabischen Ländern gebe es keinen Alkohol, der irrt gewaltig – besonders was Dubai angeht. Da der Koran Alkohol für Muslime verbietet, wird dieser in Dubai aber „nur" in dazu lizenzierten Bars, Nachtklubs sowie Restaurants ausgeschenkt – doch davon gibt es genug: Nahezu alle **Hotellokalitäten besitzen eine Lizenz für den Alkoholausschank.***

*Die **Preise** für alkoholische Getränke sind relativ hoch, so kostet ein Bier (meist Flaschenbier der Marken Amstel, Heinecken, Carlsberg, Foster's,* *Budweiser) ab 16 Dh, Champagner ab 150 Dh, Wein ab 120 Dh, Whisky ab 25 Dh, Cocktails ab 20 Dh. Billiger wird es zur Happy Hour.*

*Alkoholische Getränke dürfen nur dort getrunken werden, wo sie auch verkauft werden – sowie natürlich in Privatwohnungen. **Öffentlicher Alkoholgenuss ist verboten** und wer Bier trinkend durch die Straßen spaziert, kann dafür bestraft werden. Speist man zusammen mit Arabern, so sollte man stets bedenken, dass **gläubige Muslime** keinen Alkohol trinken.*

Dubai am Abend

Nein, in Dubai werden die Bürgersteige nicht nach Sonnenuntergang hochgeklappt! Dubais Straßen sind bis 22 oder 23 Uhr belebt, denn bis zu dieser Zeit haben die meisten Geschäfte, Souqs, Einkaufszentren und auch viele Parks geöffnet und kaum ein Restaurant oder Imbiss schließt vor Mitternacht. Der größte Betrieb herrscht in den frühen Abendstunden, wenn die Hitze nachlässt und sowohl Emirater als auch „Gastarbeiter" ihren liebsten Freizeitbeschäftigungen nachgehen: dem Bummeln und Schaufenstergucken.

Nachtschwärmer können sich in den zahlreichen Bars oder Pubs treffen oder in einem der vielen Klubs „austoben" – Dubai bei Nacht kann trendy, cool, rockig, gemütlich, urig, romantisch, hip, arabisch und noch viel mehr sein. Auch Alkohol gehört dazu, da jedoch nur Hotels eine Alkohollizenz erhalten, „beschränken" sich die feucht-fröhlichen Freuden auf die unzähligen hoteleigenen Bars, Pubs, Nachtklubs oder Cocktaillounges.

Szene-Eigenheiten

In Dubai hat sich in den letzten Jahren eine stetig wachsende Klubszene ausgebildet. Klubgänger scheinen ihre Vorlieben allerdings schnell zu wechseln, denn ein gestern noch angesagter Klub kann morgen schnell total out sein. Insgesamt ist Dubais Szene eher teuer und recht launisch. **Schicke Designerbars und Klubs** wachen streng darüber, wen sie einlassen und wen nicht. Offiziell gilt ein **Mindestalter** von 21 Jahren und einige Klubs und Discos sind – zumindest laut Türschild – nur für **Mit**glieder bzw. **Hotelgäste** und deren Begleitung zugänglich. Dieser Grundsatz *(members only)* wird aber nicht überall streng verfolgt, sodass Nichtmitglieder aus westlichen Ländern dennoch gute Einlasschancen haben. Ein leeres Haus (früher Abend), adrette Kleidung (keine Sandalen, keine Shorts, keine Strandshirts), charmante Damenbegleitung, Reservierungen und/oder die Zusage, zu dinieren, können diese Chance erhöhen. Große Gruppen von Herren aus manchen „Gastarbeiterländern" oder **schlechtangezogene männliche Singles** stehen dagegen auf der „**Abschussliste**" der Türsteher. **Frau**en kommen zumeist überall hinein – und dies mitunter ohne Eintrittsgeld und bei freien Getränken.

Tanzflächen, gute Musik und ausgelassene Stimmung bieten nicht nur Nachtklubs, sondern auch viele **Kneipen** – und dies ganz ohne Mitgliederpolitik und ohne Eintrittspreis. In den meisten Lokalitäten spielt nahezu jeden Abend Musik, entweder vom Tonband, vom DJ oder von einer Liveband und an so manchem Abend wird ein **Partyprogramm** angeboten.

Vielerorts gibt es zur **Happy Hour** verbilligte alkoholische Getränke (in der Regel zwischen 18 und 21 Uhr) und viele Etablissements bieten dem weiblichen Publikum an speziellen Abenden (oftmals dienstags) **Ladies' Nights** mit Freigetränken.

Nachtklubs richten sich auch nach den Wünschen ihrer **arabischen, indischen oder russischen Gäste**. Insbesondere die Bars und Klubs in Hotels mit drei Sternen oder weniger orientieren sich an dieser Zielkundschaft und entsprechend ist die Stimmung: Tanzende, knapp bekleidete Damen und Alkohol in Strömen stehen meist im Mittelpunkt.

Dubai am Abend

EXTRATIPP

Aktuelle Infos zu Essen, Trinken & Abendgestaltung

› Pflichtlektüre für Gastronomiefreunde und Nachtschwärmer ist das **Wochenmagazin „Time Out"** (www.timeoutdubai.com).

› Spezielle Infos zu Restaurants bietet: www.dubai-eating.com.

› Aktuell und speziell der Klubszene gewidmet sind www.dubailook.com und www.platinumlist.ae.

Bars, Lounges, Pubs und Klubs

Hier steppt der Bär, hier dröhnt der Bass und hier kann man die Nacht durchtanzen.

❼**64** [dl] **360 °**, Al-Sufouh, Jumeirah Rd, im Jumeirah Beach Hotel, Tel. 4068769, www.jumeirah.com, geöffnet: 17–2 Uhr. Stilvolle Dachterrassen-Bar mit 360 °-Panoramablick, Chillen in Sofas mit Meeresbrise und Wasserpfeife, DJ-Sound, Bandauftritte und Sessions.

❼**65** [fm] **At.mosphere**, Downtown Dubai, in der 122. Etage des Burj Khalifa, Tel. 8883444, www.atmosphereburjkhalifa.com, geöffnet: 12–24 Uhr. Leichte Mittagsspeisen, Nachmittagstee oder erlesene Drinks in schwindelerregender Höhe von 422 Metern. Einmaliger Rundumblick über die Stadt. Nebenan At.mosphere Grillrestaurant (Reservierung empfohlen).

❼**66** [gl] **Aussie Legends**, Satwa, 2nd of December Rd, im Rydges Plaza Hotel, Tel. 3982222, www.rydges.com, geöffnet: 15–3 Uhr. Bunte, typisch australisch-lockere Kneipe mit Tanzfläche, Musik vom DJ oder Livebands, Tanzabende, Partys oder Sportübertragungen.

▶ *Nachtklub mit Glamour-Faktor: das Sanctuary*

❼**67** [dl] **Bahri Bar**, Al-Sufouh, Mina A'Salam Hotel, Madinat Jumeirah, Tel. 3666730, www.jumeirah.com, geöffnet: 19.30–2 Uhr. Klassische Bar mit einmaliger Aussicht von der Terrasse, raffinierte Cocktails und arabische Vorspeisen.

❼**68** [im] **Dublin Arms**, Deira, Al-Maktoum Rd, im Metropolitan Hotel Deira, Tel. 2959171, www.habtoorhotels.com, geöffnet: 12–3 Uhr. Irische Kneipe mit Folk, Guinnes und Billard.

❼**69** [gl] **El Malecón**, Jumeirah, Jumeirah Rd, im Dubai Marine Beach Resort and Spa, Tel. 3461111, www.dxbmarine.com, geöffnet: 18.30–2 Uhr. Kein ruhiger Abend: belebtes kubanisches Cocktail-/Kneipen-Restaurant, für Stimmung sorgt Live- oder DJ-Musik à la Salsa, Merengue, Mambo, Rumba.

❼**70** [fm] **Hive**, Downtown Dubai, Souq Al Bahar, Tel. 4252296, www.hive.ae, geöffnet: 22–3 Uhr. Schicke Lounge mit raffinierten Cocktails zu DJ-Sound, große Außenterrasse.

› **Irish Village** (s. S. 33). Irisches Kehlgold, immer wieder Folk und lockere Stimmung vor irischer Kulisse und mit großem Außenbereich.

❼**71** [bl] **Kasbar**, Dubai Marina, im Palace Hotel des The One and Only Royal Mirage, www.oneandonlyresorts.com, Tel. 3999999, geöffnet: Mo.–Sa. 22–3 Uhr. Lebhafte, bunte, schicke und große Klubdisco: drei raffiniert dekorierte Ebenen, wechselndes Entertainment, Livemusik oder DJ-Sound.

❼**72** [bl] **Oeno Wine Bar**, Al-Sufouh, im The Westin Dubai Mina Seyahi Beach Resort & Marina, Tel. 3994141, www.starwoodhotels.com/westin, geöffnet: 18–2 Uhr. Weinbar mit exquisiter Auswahl an Rebsäften, Likören und Käse.

❼**73** [B3] **Pancho's Villa**, Bur Dubai, Al-Nahda St, im Astoria Hotel, Tel. 3534300, www.astamb.com, geöffnet: 12–16, 19–1 Uhr. Lebhafter, abends oft voller Tex-Mex-Restaurant-Kneipen-

Klub samt Tanzfläche, Liveband, DJs und Partyprogramm.

❼74 [B7] **Rock Botton,** Bur Dubai, im Regent Palace Hotel, Shaikh Khalifa bin Zayed St, www.rameehotels.com, Tel. 3963888, geöffnet: 12–3 Uhr. Amerikanische Kneipe und Grill mit Harley-Davidson-Einrichtung und Rockmusik, Livebands und DJ, wechselnde Partys.

❼75 [bl] **The Rooftop and Sports Lounge,** Dubai Marina, im Palace Hotel des The One and Only Royal Mirage, www.oneandonlyresorts.com, Tel. 3999999, geöffnet: 17–1 Uhr. Lounge mit grandioser Terrasse, Cocktails, arabische Vorspeisen und Do./Fr. Sportübertragungen unter 1001 Sternen sowie Fr./Sa. Livemusik.

❼76 [ck] **Sanctuary,** Palm Jumeirah, im Atlantis The Palm, geöffnet: 21.30 –3 Uhr, Tel. 4260561, www.atlantisthepalm.com. In-Tanzklub, glamurös und modern, mit Lounge und Außenterrasse.

❼77 [C4] **Sherlock Holmes,** Bur Dubai, im Arabian Courtyard Hotel, Tel. 3519111, www.arabiancourtyard.com, geöffnet: 12–2 Uhr. Englischer Pub mit Zigarrenraum, häufig Sportübertragungen.

❼78 [B3] **TGI Thursday's,** Bur Dubai, Al-Nahda St, im Astoria Hotel, Tel. 3534300, www.astamb.com, geöffnet: 12–15, 19–1 Uhr. Belebte Yankee-Style-Kneipe mit vorwiegend jungem Publikum und dem offiziellen Motto „Thanks God, it's Thursday".

❼79 [gl] **The Cigar Bar,** Shaikh Zayed Rd, im Fairmont Hotel, Tel. 3118316, www.fairmont.com/dubai, geöffnet: 19–2 Uhr. Gediegene, mahagoni-dunkle Zigarrenbar mit begehbarem Humidor und erlesenem Alkoholsortiment.

❼80 [F6] **Up on the Tenth,** Deira, Baniyas Rd, im Radisson Blu Hotel, Tel. 2227171, www.radissonblu.com/hotel-dubaideiracreek, geöffnet: 18.30–3 Uhr. Bar mit edel-klassischem Ambiente, Livejazz und beeindruckender Aussicht aus dem 10. Stock auf den Creek und Dubais Skyline.

❼81 [im] **Warhouse,** Garhoud, Airport Road, im Le Meridien Dubai Hotel, Tel. 7022560, www.lemeridien-dubai.com, geöffnet: Sa.–Do. 18–3, Fr. 20–3 Uhr. Riesig und vielseitig: Verschiedene Bars, Restaurants, Weinkeller und Tanzflächen.

025du Abb.: jm

Theater und Konzerte

Statt in Bars oder Nachtklubs kann man seinen Abend natürlich auch „kultiviert" verbringen. Dubais Theaterszene ist überschaubar, in unregelmäßigen Abständen finden aber wechselnde Aufführungen vor allem im Madinat Theater und im Dubai Community Theatre and Arts Centre statt (oft englischsprachig).

⏱**82** [dl] **Madinat Theatre**, Al-Sufouh, im Madinat Jumeirah Hotelresort, Tel. 3666546, www.madinattheatre.com. Eher leicht bekömmliche, familienfreundliche Unterhaltung in schöner Umgebung.

⏱**83** [cl] **Palladium Theatre**, Media City, Tel. 3636897, www.palladium-dmc. com. Verschiedene Konzerte, auch Comedy.

❯ **Dubai Community Theatre and Arts Centre** (s. S. 47). Multikulturelles, vielfältiges Programm.

❯ Zu unregelmäßigen Terminen finden verschiedene **Festivals und Konzerte** internationaler Sänger und Bands – von Pop bis Klassik – statt. Im Irish Village (s. S. 33) kann man oft Folkkonzerte besuchen. Kleinere Konzerte werden in Klubs und Kneipen verlegt.

❯ Die Szene für **klassische Musik** steckt in den Kinderschuhen, das UAE Philharmonic Orchestra spielt unregelmäßig an wechselnden Orten (Infos im Internet: www.uaephilharmonic.com).

❯ Öffentliche Aufführungen von **traditionell emiratischer Dichtung, Musik und emiratischen Tänzen** kann man vornehmlich an religiösen und nationalen Feiertagen (s. S. 19) sowie während des Dubai Shopping Festival (s. S. 18) im Volkskundeviertel Shindagha sehen.

▲ *Das imposante Madinat Theatre im Hotelresort Madinat Jumeirah*

Dubai für Kunst- und Museumsfreunde

Bislang hat Dubai mehr mit spektakulären Bauvorhaben als mit prestigeträchtigen Kulturprojekten auf sich aufmerksam gemacht. Insbesondere das Feld der zeitgenössischen Kunst war „Terra incognita". Doch in den letzten Jahren ist eine vielleicht noch bescheidene, aber überaus vielfältige Kunstszene erwacht und da zahlreiche Einwohner Dubais aus dem Ausland stammen, zeigt diese sich auffallend kosmopolit.

Dabei steht der Vorwurf im Raum, Dubai würde sich – wie so vieles – auch Kunst nur ankaufen. Das mag mitunter stimmen, doch **Kunstverständnis** ist nicht käuflich – und das hält allmählich Einzug. Für eine einstmals nahezu „kunstleere" Stadt, die quasi über Nacht zu einer Metropole explodiert ist, gleicht das **Entdecken und Bewahren einer eigenen Kunsti-**

EXTRATIPP

Kunstausstellungen

› **Informationen** über aktuelle Kunstausstellungen sind Tageszeitungen und Veranstaltungsmagazinen sowie deren Websites (s. S. 104) zu entnehmen und auch bei der **Dubai Culture and Arts Authority** zu erfahren (Tel. 8004003, www.dubaiculture.ae).

dentität** einem schwierigen, gleichwohl interessanten Pionierprozess. Doch in Zeiten der Wirtschaftskrise hat Dubai Wichtigeres im Sinn – das Kunsterwachen scheint erstmal „**on hold**" zu sein und mit zwei groß angelegten Kulturprojekten am Creek geht es eher verhalten voran: Zum einen ist da **Khor Dubai**, das in Manier der Vorkrisenzeit gigantisch geplant wurde. Eine hochkarätige Kunst- und Kulturzone soll sich bestückt mit Museen, Theater, Galerien, Bibliotheken und Kultur- und Kunstinstituten am Creek entlang erstrecken und zum einen der heimischen Kunst, Kultur und Wissenschaft verpflichtet sein, aber gleichwohl die multikulturelle Dimension Dubais wie auch global-zeitgenössische Strömungen reflektieren (www.dubaiculture.ae).

Ebenfalls in den Startlöchern steht das **Culture Village** gegenüber der Dubai Festival City. Hier scheint emiratische Kunst und Kultur als Bühnenbild des Bauinvestments zu fungieren. Es werden hochpreisige Apartmenthäuser im Windturmhaus-Stil errichtet und mit Einkaufsstraßen und Restaurants umrahmt. Ein Souq, ein Marinemuseum, Kulturzentren und Kunstschulen sollen das Viertel aufpeppen (www.dubaipropertiesgroup.ae).

EXTRATIPP

Kunstmesse Art Dubai

Die Kunstmesse Art Dubai ist die **bedeutsamste Plattform für zeitgenössische Kunst** der Region, doch auch international kommt ihr ein immer bedeutsamerer Rang zu. Unter der Schirmherrschaft von Shaikh Mohammed kommen alljährlich im März Künstler, Kuratoren, Kunstsammler, Kunstinteressierte und Museumsdirektoren in Dubai zusammen. Rund 80 Galerien aus über 30 Ländern nehmen an der Messe teil. Ausstellungen, Performances und Projekte füllen das Programm. Zur Zeit der Art Dubai finden immer auch weitere interessante Kunstevents statt.

› **Infos:** Tel. 3842000, www.artdubai.ae

Dubai für Kunst- und Museumsfreunde

Museen

Die meisten Museen und Ausstellungen in Dubai thematisieren die landeseigene Tradition und Geschichte. Doch in Zukunft sollen in der Stadt etliche neue Museen, beispielsweise ein Kunst- sowie ein Religionsmuseum, eröffnen.

⑩ [D2] **Ahmadiya School.** Kleines Bildungsmuseum in einem Altstadthaus in Deira.

〉 **Children's City** (s. S. 108). Bonbonbuntes Mitmachmuseum für Kinder im Creek Park.

⑫ [D3] **Dubai Museum im Al-Fahidi-Fort.** Die aufwendig gestaltete Ausstellung zu Dubais Geschichte und Volkskunde ist im historischen Fort der Stadt in Bur Dubai untergebracht.

⑨ [D2] **Heritage House.** Mit Puppen dargestellte Volkskunde in einem traditionellen Altstadthaus in Deira.

Museen, die mit einer magentafarbenen Nummer (**❺**) als Hauptsehenswürdigkeit ausgewiesen sind, werden im Kapitel „Dubai entdecken" ausführlich beschrieben. Dort finden sich auch alle praktischen Informationen wie Adresse, Öffnungszeiten usw.

❸ [D1] **Heritage Village und Diving Village.** Rekonstruierte Häuser in Shindagha präsentieren Stücke zum Thema Volkskunde und Meeresnutzung.

❺ [C1] **House of Horse und House of Camel.** Ausstellungen, die speziell den Beduinentieren Pferd und Kamel gewidmet sind.

❹ [C1] **House of Traditional Architecture und Sheikh Obaid Bin Thani House.** Wiederaufgebaute historische Windturmhäuser mit einer Ausstellung zur traditionellen Architektur der Region.

026du Abb.: dtcm

Dubai für Kunst- und Museumsfreunde

❷ [C1] **Shaikh Saeed House.** Einstiger Herrscherpalast mit ergänzender Foto- und Dokumentenausstellung im Shindagha-Volkskundeviertel am Creek.

Kunstgalerien

Zwei „informelle" Kunstviertel kann man in Dubai erkunden: Das Volkskundeviertel Bastakiya ⓭ im Zentrum lädt zum ruhigen Spaziergang durch diverse Windturmhaus-Galerien ein. Das entlang der Shaikh Zayed Rd gelegene Industriegebiet Al-Quoz ist weniger romantisch und kein Spaziergehareal, aber ausgediente Lagerhallen bergen interessante Sammlungen.

📷84 [bl] **Art Couture,** Dubai Marina, Jumeirah Beach Residence Walk, Tel. 3994331, www.artcoutureuae.com, geöffnet: Sa.–Do. 10–21, Fr. 14–21 Uhr. Ausstellungen regionaler und internationaler Künstler sowie regelmäßige Events und Diskussionsveranstaltungen zwischen Kunstschaffenden und Kunstinteressenten bei Art & Coffee Mornings.

📷85 [em] **Courtyard,** Al-Quoz, Street 4b, Tel. 3475050, www.courtyard-uae.com, geöffnet: Sa.–Do. 10–13, 16–20 Uhr. Dieser „Innenhof" vereint Einzelgalerien, Kunsthandwerksgeschäften, Design- und Fotostudios verschiedener Kunststile. Sowohl einheimische als auch internationale Künstler haben sich hinter den hübschen Fassaden eingerichtet.

📷86 [dm] **Dubai Community Theatre and Arts Centre,** Al-Barsha, Mall of the Emirates, Tel. 3414777, www.ductac.org, geöffnet: Sa.–Do. 9–22, Fr. 14–22 Uhr. Dieses Kunstzentrum steht unter der Schirmherrschaft der Herrschergattin. Hier vereinen sich Kunst, Musik, Tanz und Theater in Form von Ausstellungen, Vorstellungen und Kursen.

📷87 [gl] **Dubai International Arts Centre,** Jumeirah, Street 75b, Villa 27, Tel.

3444398, www.artdubai.com, geöffnet: Sa.–Mi. 9–21, Do. 9–16 Uhr. Das 1976 gegründete Arts Centre offeriert Kunstkurse und wechselnde Ausstellungen.

📷88 [D4] **Majlis Gallery,** Bur Dubai, Al-Fahidi St, www.themajlisgallery.com, Tel. 3536233, geöffnet: Sa.–Do. 9–18 Uhr. Die in einem hübschen Windturmhaus im Bastakiya-Viertel eingerichtete Galerie – eine der ältesten der Stadt – zeigt in wechselnden Ausstellungen Kunstwerke arabischer Künstler und Kalligrafen eher traditionelleren Stils, außerdem kann man Antiquitäten, Einrichtungsgegenstände, Keramiken, Kunsthandwerk oder Kunstdrucke erstehen und einen Einblick in das Innere eines alten Windturmhauses bekommen.

📷89 [el] **Miraj Islamic Art Centre,** Jumeirah, Jumeirah Rd, Tel. 3941084, www.mirajislamicartcentre.com, geöffnet: Sa.–Do. 10–20 Uhr. In modernem Ambiente steht kreative Kunst und Kunstgeschichte aus allen Ecken der islamischen Welt im Fokus.

📷90 [fn] **Tashkeel,** Nad al-Sheba, neben der Nad al-Sheba Clinic, Tel. 3363313, www.tashkeel.org, geöffnet: Sa.–Do. 8–22 Uhr. Von der Herrscherfamilie gestiftete Studios und Ausstellungsräume für ortsansässige Künstler und Designer, zudem wechselnde Gastausstellungen und Workshops.

📷91 [fm] **The Pavillion Downtown Dubai,** Downtown Dubai, Emaar Boulevard, Tel. 4477025, www.pavilion.ae, geöffnet: 10–24 Uhr. Architektonisch interessant gestalteter Treffpunkt und Aktionsraum von Kunstschaffenden, wechselnde Ausstellungen und Performances, mit Galerien, Kino, Restaurant, Espresso-Bar, Wasserpfeifen-Café und Lounge.

◀ *Der einstige Herrscherpalast Shaikh Saeed House ❷ am Abend*

☎92 [dm] **The Third Line**, Al-Quoz, Street 4, neben Courtyard, Tel. 3411367, www.thethirdline.com, geöffnet: Sa.–Do. 11–19 Uhr. „Zwischen den Zeilen" zu interpretierende innovative zeitgenössische Werke junger arabischer Künstler, die durchaus traditionelle Normen sprengen. Wechselnde Ausstellungen von digitaler Kunst bis Fotografie und Film, auch Künstlergespräche und Seminare.

❯ **XVA Gallery** (s. S. 120), geöffnet: Sa.–Do. 9–19, Fr. 10–17 Uhr. Diese herrlich eingerichtete Kunstgalerie mit wechselnden Ausstellungen zeitgenössischer Kunst über Dubai oder die V.A.E. ist in einem restaurierten historischen Windturmhaus im Bastakiya-Volkskundeviertel untergebracht (Hausnummer XVA). Mit traditionell-schick ausgestattetem Hotel, gemütlichem Café und Kunsthandwerksladen.

Dubai zum Träumen und Entspannen

Etwas Ruhe gefällig in all dem Stadttrubel – jenseits des eigenen Hotelzimmers? Auch eine quirlige Stadt wie Dubai hat ruhige Seiten.

Parks und Strände

Parks dienen als Ruhepole im hektischen Stadtalltag. Im Zuge umfassender Küstenbaumaßnahmen in Dubai wurden etliche Strandstücke angelegt. Für alle, deren Hotel keinen Privatstrand besitzt, bieten Strandparks eine gute Alternative.

●93 [jl] **Al-Mamzar Beach.** Um die an Sharjah grenzende Al-Mamzar Lagune schmiegt sich ein öffentlicher Strand, er ist bei Familien mit Kindern beliebt, weil das Ufer sanft ins Wasser abfällt. Toiletten und Duschen sind vorhanden.

●94 [jl] **Al-Mamzar Beach Park,** geöffnet: 8–23 Uhr, Mi. nur für Frauen und Familien (für allein reisende Frauen empfehlenswert), Eintritt: 5 Dh, Tel. 2966201. An der Grenze zur Nachbarstadt Sharjah liegt dieser Strandpark im Stadtteil Al Mamzar. Mehrere schöne Sandbuchten, zwischen denen Wellenbrecher für ruhiges Wasser sorgen – also ideal für Kinder. Wer möchte, kann sich Chalets zur Tagesbenutzung mieten (150–200 Dh). Außerdem gibt es: einen Pool, ein Kaffeehaus, Fast Food, Grillplätze, Kioske, Wassersportmöglichkeiten, Spielplätze

027bi Abb.: jm

▶ *Außenansicht der hoteleigenen Park- und Strandanlage von Madinat Jumeirah (s. S. 123)*

Ladies only

In Dubais Strandparks gibt es an einem Tag in der Woche einen **Familien- bzw. Frauentag**. Frauen können dann eine „anmachefreie Zeit" genießen. Solche Tage gibt es nicht etwa, um Frauen zu „verbannen", sondern um ihnen die Möglichkeit zu bieten, fernab der Blicke eventuell lüsterner Junggesellen unter sich zu sein. Ähnlich diesem **Privileg** können Frauen sich in **Restaurants** im *family room* einen freien Platz suchen oder in **Bussen** und **Metros** in speziellen Frauenbereichen Platz nehmen. „Können – nicht müssen", so lässt sich dieser Pluspunkt für Touristinnen zusammenfassen.

und eine Bimmelbahn. Hinter dem Eingangstor links erreicht man den Persisch-Arabischen Golf, nach rechts das Ufer der Al-Manzar-Lagune, die sich ins Landesinnere zieht.

●**95** [hm] **Creek Park,** geöffnet: 8–23 Uhr, Eintritt: 5 Dh, Tel. 3367633. Dieser Park am Creek dehnt sich auf über 2½ km Länge zwischen der Floating- und der Garhoud-Brücke gegenüber der Festival City aus. Es gibt zahlreiche botanische

Gartenflächen, ausgedehnte Rasenflächen, ein weitläufiges Wegenetz, Kinderspielplätze, Grillplätze, Fahrrad- und Tandemverleih, eine Bimmelbahn, Kioske, Restaurants und ein Delfinarium (Tel. 3369773, www.dubaidolphinarium. ae). Am Gate 1/2 startet eine Drahtseilbahn zur Parkdurchquerung (25 Dh) – da sie keine Klimaanlage hat, besser am Abend fahren. Auch das Mitmachmuseum Children's City (s. S. 108) ist hier zu finden.

●**96** [fl] **Jumeirah Beach Park,** geöffnet: tägl. 8–23 Uhr, Mo. nur für Frauen und Kinder (für Frauen, die allein unterwegs sind, sehr empfehlenswert), Eintritt: 5 Dh, Tel. 3492555. Dieser im Stadtteil Jumeirah gelegene Strandpark eignet sich gut zum Ausspannen. Weißer Sand und Kokospalmen vermitteln Tropenflair. Diverse Wassersportarten werden angeboten, Rettungsschwimmer sorgen für Sicherheit und ein Selbstbedienungsrestaurant bietet Snacks an. Zwischen dem gepflegten Grün und den Blumenbeeten können Parkbesucher Spielplätze, Grillplätze und Volleyballfelder nutzen.

●**97** [bl] **Jumeirah Beach Residence Beach.** Die Dubai Marina wird von neu aufge-

schütteten Stränden gesäumt, die zum Teil öffentlich sind und zum Teil zu den Hotels gehören.

- **98** [gl] **Jumeirah Beach.** Auf Höhe der Jumeirah Moschee, im meeresgesäumten Stadtteil Jumeirah, liegt ein öffentlicher Strand mit Kinderspielplatz, Skate- und Radweg, Sanitär- und Umkleideeinrichtungen, Sonnenliegen- und Schirmverleih sowie Strandwache.
- **99** [dl] **Umm Suqeim Beach.** Zwischen Jumeirah und Al-Sufouh, direkt neben dem Jumeirah Beach Hotel und dem Hotelturm Burj Al Arab (Richtung Nordosten/Stadtzentrum) erstrecken sich ein paar öffentliche Strandstücke (durch Häuserblöcke getrennt), die allerdings keine Duschen, Toiletten oder Kioskbuden aufweisen.

Wellness

Zahlreiche Hotels haben ein Spa und bieten Balsam für Körper und Seele. Auch wer nicht in diesen Hotels nächtigt, kann sich dort (als Nicht-Hotelgast mit Voranmeldung) verwöhnen lassen – oder hier:

- **100** [bl] **Ansgana,** Dubai Marina, Marina Walk, Level 2, Tel. 3684356, www. angsanaspa.com, auch Arabian Ranches, Emirates Hille, The Montgommerie. Diverse Massagetechniken und Schönheitsbehandlungen mit mittlerem Preisniveau.
- **101** [dl] **Assawan,** Al-Sufouh, Burj Al Arab Hotel, Tel. 3017777, www.jumeirah. com. Pompös dekoriertes Luxus-Spa im 18. Stock.
- **102** [hm] **Cleopatra's Spa,** Umm Hurair, Wafi Mall, Tel. 324700, www.wafi. com. Spa in altägyptischem Dekor im Pharao's Club.
- **103** [bk] **Talise Ottoman Spa,** Palm Jumeirah, Jumeirah Zabeel Saray Resort, Tel. 4530455, www.jumeirah.com. Palastprächtiges türkisches Dampfbad, bietet

KLEINE PAUSE

Pause im Gras
Dubais Grünflächen und Parks bieten die Möglichkeit zur Pause unter Schatten spendenden Palmwedeln oder neben blühenden Sträuchern. Insbesondere zur Zeit der **Mittagspause** sieht man hier Leute bei einem Nickerchen. Vornehmlich „Gastarbeiter" oder alle diejenigen, die einen zu weiten Weg nach Hause haben, ruhen sich hier aus.

Massagen und Behandlungen im orientalischem Stil, auch russische und finnische Saunen.

- **104** [dl] **Talise,** Al-Sufouh, Madinat Jumeirah Hotelresort, Tel. 3666818, www.jumeirah.com. Massagen, orientalische Bäder und chinesische Heilbehandlungen in großer, von Kanälen und Garten umgebenem Spa, schöne Außenanlagen.

Volkskundeviertel

Ruhige Fleckchen, um die Seele baumeln zu lassen, finden sich auch in Dubais sonst so hektischem Zentrum. Schön ist es rund um den Creek an der Uferpromenade.

- **13** [D4] **Bastakiya.** Auf der Bur-Dubai-Seite des Zentrums liegt dieses Volkskundeviertel. Hier laden Ruhe (!) und schattige Gassen zum Verweilen ein. Die umstehenden Windturmhäuser schaffen ein einmaliges Flair. Getoppt werden diese Flecken von gemütlichen Innenhofcafés.
- ❭ **Shindagha** (s. S. 67). Dieses an der Mündung des Creek auf der Bur Dubai Seite gelegene Volkskundeviertel bietet etliche ruhige Winkel, schattige Innenhöfe und Cafés. Zwischen dem Pausieren kann man sich Kulturelles angucken.

Am Puls der Stadt

003du Abb.: kk

Das Antlitz der Metropole

Dubai steckt voller Energie und Dynamik, voller Superlative und Kontraste – wie ein bunter Flickenteppich vereint es von vielem etwas. Seit der Gründung der V.A.E. vollzog sich Dubais Entwicklung im Zeitraffer – genauer gesagt, wurde Dubai als hypermoderne Stadt neu erfunden und erschaffen.

Stadtentwicklung

Seit den ersten Ölfunden 1966 und dem Zusammenschluss sieben seither selbstständiger Shaikhtümer zum Staatenbund der V.A.E. im Jahr 1971 durchlebt Dubai im **Schnelldurchlauf** eine Entwicklung, für die andere Städte 100 Jahre und länger gebraucht haben. Dichte Flechtwerke aus Ölleitungen schlingen sich über den Meeresgrund, auf dem wenige Jahrzehnte zuvor noch Perlentaucher

ihr Glück suchten. Uralte Karawanenpfade wandelten sich zu mehrspurigen Highways, Straßenmärkte sind klimatisierten Shoppingzentren gewichen. In den klaren Wüstenhimmel wurden Wolkenkratzergebirge hochgezogen und im Meer künstliche Inselwelten aufgeschüttet.

Nur in den ersten Jahren der Staatsgründung erlebte Dubai einen Petrodollar-Segen, dann folgte eine **kluge Handelspolitik** gepaart mit Mut zur Umsetzung von kühnen **Zukunftsvisionen.** Zum Auftakt des neuen Jahrtausends, zu **Hochkonjunkturzeiten,** wurden die wagemutigsten Ideen in Windeseile realisiert, ein neues Wahrzeichen der Superlative jagte das nächste. Beton und Billigarbeiter waren die Schmierstoffe dieses Strebens nach ganz oben. Dubai dachte im XXL-Format und vollzog seine Entwicklung auf der Überholspur. Diese

◀ *Vorseite: Die Flaggen der V.A.E. (rechts) und Dubais (links)*

▼ *Die vom Creek umspülte Landspitze Al-Ras: in den 1940er-Jahren ....*

029du Abb.: dtcm

Wachstumsstrategie hat in den letzten Jahren jedoch deutliche Dämpfer erfahren. Dubais Dynamik ist zwar gebremst – steht aber nicht still!

Hinter Dubais Obsession der Superlative, hinter der übermütigen Stadtplanung, dem Umjubeln der Globalisierung und der internationalen Kapitalströme geht jedoch die wirkliche **Erfolgsgeschichte** fast unter: Dieser einst von der Weltgeschichte vergessene Wüstenwinkel hat sich neu erfunden und neu kreiert – als moderner, dynamischer, liberaler und weltoffener Orient. Damit ist Dubai vielen anderen arabischen Staaten ein Vorbild – beziehungsweise ein Hoffnungsträger. Eine besondere Aktualität hat dies vor dem Hintergrund andernorts tobender Protestwellen im Zeichen des arabischen Frühlings.

Letztendlich kann Dubai auch auf andere Weise ein **Lehrmeister** sein: Vielleicht dient die Stadt denjenigen als Denkanstoß, die die Zeit „nach dem Öl" anders gestalten möchten – und dabei Tragfähigkeit und Nachhaltigkeit wertschätzen.

Stadtstruktur

Dubai hat **viele Gesichter** und alle wandeln sich schnell. In den ersten Jahren dieses Jahrtausends wurde ein Wahrzeichen nach dem anderen errichtet, mit allen wollte Dubai sein Aufwärtsstreben und seine Einmaligkeit beweisen. Das Augenfälligste am Stadtbild ist der **Creek**, ein natürlicher Meeresarm, der sich weit in die ehemalige Wüste windet und das dicht bebaute Areal teilt. Im Norden der Inlandlagune dehnt sich Deira aus – im Süden schließt sich Bur Dubai an. Beide Seiten lohnen eine Erkundung. In diesen **alten Stadtvierteln** zeigt die Stadt Spuren ihrer Geschichte – so waren **Deira und Bur Dubai** im 19. Jahrhundert von einer Stadtmauer umgeben, Forts und Wehrtürme boten Schutz. Stellenweise sind historische Strukturen sichtbar, wurden renoviert oder rekonstruiert, doch das feucht-schwüle Klima

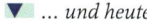 ▼ *... und heute*

Das Antlitz der Metropole

trägt dazu bei, dass vieles schnell verfällt. In den alten Arealen wird emsig abgerissen, ausgebessert und erweitert. Baulücken werden mit Hochhäusern ausgefüllt, Straßen von Hochstraßen überbrückt oder mit Metrolinien untergraben.

Um Deira und Bur Dubai herum liegen Quartiere **aus dem 20. Jahrhundert.** Auf der Deira-Seite im Norden des Creek sind dies z. B. Al-Rigga (mit

▲ *„Rainbowing" – Sandaufschüttung für künstliche Inseln*

seinen vielen Mittelklassehotels) und Garhoud (mit dem Dubai International Airport). Auf der südlichen Seite des Creek schließen sich unter anderem Karama (in dem überwiegend Inder wohnen) und Satwa (samt seiner kosmopoliten Einkaufsstraße 2nd of December Rd) an Bur Dubai an.

Fernab des Zentrums hat Dubai das hypermoderne Gesicht einer **tollkühn kalkulierten Architekturikone.** Zu Beginn dieses Jahrtausends gab man sich bereitwillig Stadtplanern, Hochhauserbauern, Inselerrichtern und Immobilienspekulanten hin. Sowohl auf Wüstenland als auch im Meereswasser wurde **das Dubai des 21. Jahrhunderts** erbaut: entweder als „Stadt in der Stadt" konzipiert (so wie Downtown Dubai oder Dubai Marina) oder als Kunstinsel aufgeschüttet (so wie die drei Palmeninseln oder The World) und mit hochpreisig konzipiertem Wohneigentum bestückt. Hier zeigt sich die Stadt als Konglomerat immer kühnerer Visionen, immer mutigerer Superlative und immer mächtigerer Wahrzeichen. Die Meinungen darüber, ob dies Dubais Reiz ausmacht oder ob diese stadtplanerischen Strategien übertrieben sind, gehen auseinander und im Zuge der Finanz- und Wirtschaftskrise – und der Zeit danach – muss Dubai derzeit deutlich kleinspuriger planen. Ein Umdenken scheint im **Umgang mit Naturressoucen** einzusetzen: statt weiterhin Raubbau an der Natur zu betreiben, müssen inzwischen staatliche Umweltauflagen erfüllt werden und immer mehr Neubau- und Immobilienprojekte verschreiben sich ökologischer Verträglichkeit und Nachhaltigkeit.

◀ *Dubais Plan von der Zukunft*

Von den Anfängen bis zur Gegenwart

Die Geschichte der V.A.E. und Dubais beschränkt sich nicht auf das heutige Staatsgebiet und insbesondere die wechselvolle Historie des Oman prägte die Region. In der ersten Hälfte des 19. Jahrhunderts dehnte sich das zum Seehandelsimperium aufgestiegene Sultanat über das gesamte Ost- und Südarabische Gebiet am Rand des Indischen Ozeans sowie die südliche und nördliche Golfregion bis zum Roten Meer und zur ostafrikanischen Küste aus. Auch wenn das heutige Gebiet der V.A.E. bis in die 1950er-Jahre zum omanischen Territorium zählte, so herrschten die hiesigen Shaikhs meist unabhängig.

7. Jahrhundert: Einwanderungswellen südarabischer Stämme an den unter persischem Einfluss stehenden südlichen Golf. In den Emiraten gibt es lediglich am Fuße der Hajar-Berge und an der Küste kleine Siedlungen, daher kaum Einflussnahme.

570–632: Lebenszeit des Propheten Mohammad

630: Ausbreitung des Islam in der Region und Vertreibung der Perser

7.–16. Jahrhundert: Relative Selbstständigkeit der südlichen Golfregion gegenüber dem islamischen Kalifat und den islamischen Dynastien

Ende 15. Jahrhundert: Blütezeit des Königreichs von Hormuz, zu dem neben der Golfinsel Hormuz auch Teile des Oman und Julfars, einer bedeutenden Hafenstadt nahe Ras al-Khaimah, gehört.

Ab Beginn des 16. Jahrhunderts: Herrschaft der Portugiesen am Golf. Sie unterhalten Stützpunkte in einzelnen Küstensiedlungen, um ihre Seehandelswege zu sichern.

Ab Beginn des 17. Jahrhunderts: 1622 Verdrängung der Portugiesen aus Hormuz durch die von Persern unterstützten Briten und 1650 aus Muscat durch den omanischen Imam. Ausdehnung britischer, niederländischer, französischer Handelsniederlassungen an der Golfküste.

17. und 18. Jahrhundert: Piratentum beeinträchtigt die Schifffahrt und die Handelsaktivitäten, der Stamm der Al-Qawasim von Ras al-Khaimah kontrolliert ab 1763 die obere und untere Golfküste.

Ab 1787: Saudische Wahabiten (reformistische Bewegung aus Zentralarabien) unterwerfen die Al-Qawasim und versuchen, die schiitische Bevölkerung zum Wahabismus zu bekehren, mehrfach Kämpfe um die Buraimi-Oasen.

Ab 1793: Dauerhafte Besiedlung der Insel Abu Dhabi

1812: Oman und Persien verbünden sich und besiegen die Wahabiten.

Beginn des 19. Jahrhunderts: Großbritannien verbündet sich mit dem Oman und startet Strafexpeditionen gegen Piratenstützpunkte an der südlichen Golfküste, Friedensvertrag zwischen Großbritannien und den Scheichs der sogenannten „Piratenküste". Beginn der britischen Golfpolitik.

1833: Das bislang zu Abu Dhabi gehörende Dubai wird von Shaikh Mohammed bin Butti zum eigenständigen Shaikhtum erklärt. Beginn der Regentschaft der Al-Maktoum in und über Dubai.

Ab 1859: Die Gewährung von Steuerfreiheit für ausländische Händler in Dubai führte zu einem Handelsaufschwung und zur Ansiedlung zahlreicher indischer und persischer Kaufleute.

Ab 1903: Gründung britischer Handelsniederlassungen in Dubai, Ernennung von Dubai zum Freihafen, Boom des Perlen- und Goldhandels

Ab 1930: Niedergang der Perlenfischerei in der Golfregion, teilweise wirtschaftliche Not und Abwanderung der Bewohner

1962: Beginn der Erdölexporte Abu Dhabis
1966: Beginn der Regentschaft von Shaikh Zayed bin Sultan al-Nahyan in Abu Dhabi. Erste Ölfunde in Dubai.
1968: Ankündigung der Briten, bis 1971 ihre Verpflichtungen und kolonialen Vorrechte östlich von Suez aufzugeben.
1971: Staatsgründung der V.A.E. Verträge mit Großbritannien verlieren ihre Gültigkeiten.
2004: Nach dem Tod von Shaikh Zayed wird sein Sohn Shaikh Khalifa bin Zayed al-Nahyan Präsident der V.A.E.
1990–2006: Regentschaft von Shaikh Maktoum bin Rashid Al-Maktoum über Dubai, großräumiger Ausbau der Stadt, wirtschaftliche Vielfalt soll eine Unabhängigkeit vom Ölsektor fundieren, Wachstum der Stadt zur Millionenmetropole.
2006: Shaikh Mohammed bin Rashid Al-Maktoum wird Herrscher von Dubai, Weiterführung des Ausbaus zur Stadt der Superlative, Immobilienboom.
2008: Eröffnung der ersten künstlichen Mega-Insel, Palm Jumeirah. Die Weltwirtschafts- und Finanzkrise erfasst auch Dubai.
2010: Vollendung des welthöchsten Wolkenkratzers, des Burj Khalifa
2011: Baubeginn am Emirates Railways Project, bis 2017 sollen Eisenbahnen innerhalb der V.A.E. sowie in andere Golfstaaten fahren.
2012: Eröffnung des Passagierterminals des Al Maktoum International Airport

Leben in der Stadt

Stammes- und religionsabhängige Gesellschaftsnormen sind in Dubai von großer Bedeutung und ihre Einhaltung wird – neben der Loyalität zum Staat und dem alle Einheimischen verbindenden Nationalbewusstsein – als „oberste Bür-gerpflicht" angesehen. Auf diesem Fundament entwickelte sich ein moderner Lebensstil, der jedoch diversen Dynamiken und Fremdeinflüssen unterliegt.

Tradition plus Moderne

Durch Dubais rasante Entwicklung bilden dieselben Menschen, die als junge Erwachsene noch allein von Dattelanbau, Viehzucht, Perlenhandel, Piraterie, Goldschmuggel oder Fischerei lebten, heute die ältere Generation eines begüterten Volkes. Aus Lehm- oder Palmwedelhütten zogen die Bewohner in Luxusapartments, Villen und Prachtpaläste. In kaum einem anderen Winkel der Welt **wandelte sich das Leben** binnen nur einer Generation derart tiefgreifend.

Lange Jahre verlief das Leben für die meisten Einheimischen nach dem Motto: **Einmaligkeit** ist die Regel, Bescheidenheit ein Fremdwort, nichts ist unmöglich. Reichtum wurde und wird völlig selbstverständlich zur Schau gestellt. Es wird spannend sein, zu sehen, ob die derzeitigen Krisenzeiten mehr Bodenhaftung bringen.

Auch typisch Dubai: Die vielen Annehmlichkeiten einer Hightech-Luxusgesellschaft sind ebenso Teil des **Lebensalltags** wie das bewusste Aufrechterhalten **alter Wertvorstellungen** und **Stammestraditionen**. In Dubai trifft **beduinisches Selbstbewusstsein auf globales Sendungsbewusstsein.** Das Wertschätzen von alten Bräuchen und Tugenden steht im Kontrast zu einer besonderen **Dynamik,** die sich im modernen Lebensstil, der vielgestaltigen Stadtplanung sowie der breit gefächerten Wirtschaftsorientierung manifestiert.

In Dubai sieht man sich nicht nur als das Zentrum eines modernen,

Herrschende Häupter

Kennzeichnend für das politische System der V.A.E. ist die **Verknüpfung von staatlichen und Stammesstrukturen.** Die Herrscher der sieben Einzelemirate sind Oberhäupter ihrer weitgehend autonomen Teilstaaten. Zugleich sind sie Stammesführer, deren Machtanspruch sich auf dem hierarchischen Aufbau der Stämme und der Loyalität ihrer Mitglieder gründet.

Präsident der V.A.E. und Herrscher Abu Dhabis ist H.H. Shaikh Khalifa bin Zayed Al-Nahyan, dessen Amtszeit 2004 begann. Er setzt den Kurs seines 2004 verstorbenen Vaters Shaikh Zayed bin Sultan Al-Nahyan fort. Shaikh Zayed war – sowohl lokal, wie auch international – als Mentor und erster Präsident des 1971 gegründe-

ten Föderationsstaates der Vereinigten Arabischen Emirate hochangesehen. Zudem war er 38 Jahre lang Herrscher von Abu Dhabi.

Vizepräsident und Premierminister der V.A.E. ist der **Herrscher von Dubai,** H.H. General Shaikh Mohammed bin Rashid Al-Maktoum. Seit 1833 übt die Dynastie der Al-Maktoum in absolutistischer, aber nicht notwendigerweise nachteiliger Manier ihre Herrschaft über Dubai aus.

▲ Shaikh Mohammed (rechts), der Herrscher Dubais, empfängt Ehrengäste am Kreuzfahrtschiffterminal

Shaikh

Shaikh (arabisch für „Ältester", „verehrungswürdig") ist der **Titel für Stammesälteste und Stammesoberhäupter,** Vorstände von Familienverbänden, Adelige und deren Söhne sowie ehrwürdige Religionsgelehrte. Shaikha bezeichnete ursprünglich die Tochter eines Shaikhs, heute ist es auch der Titel seiner Frau.

globalisierten und wandlungsfähigen, sondern auch eines **kosmopolitischen Arabien**, in dem sich Orient, Asien und westliche Welt nicht nur geografisch, sondern auch gesellschaftlich begegnen. Über sechzig Nationalitäten leben und arbeiten zusammen. Gelassenheit und Toleranz der Einheimischen gegenüber anderen Kulturen und Lebensweisen sind groß, jedoch nicht unendlich. So gilt beispielsweise ein striktes **Kritikverbot** gegenüber der einheimischen Lebensart, der Herrscherfamilie sowie allzu brisanten weltpolitischen Geschehnissen.

Stamm und Religion

Stammesverbundenheit spielt eine wichtige Rolle in der Gesellschaft Dubais, Traditionen und Gesetze einer Beduinengemeinschaft existieren

KURZ & KNAPP

Islam

Das arabische Wort für „Islam" kann als **„Ergebung und Hingabe in den Willen Gottes"** übersetzt werden. Der Islam ist eine streng **monotheistische Religion**. Es gibt nur einen Gott, der im arabischen Allah genannt wird, aber derselbe Gott ist, an den auch Christen und Juden glauben.

LITERATURTIPP

Islam erleben

Kirstin Kabasci, „Islam erleben", REISE KNOW-HOW Verlag. Von der Autorin dieses Buches verfasster handlicher Band zum **Verständnis des Islam**.

weiterhin und machen einen Teil des gesellschaftlichen (und politischen) Systems aus. Machtvolle und einflussreiche Stellungen hängen natürlich auch – wie überall – vom Geld ab und eine Art „goldener Schlüssel" mit Zugang zu weitreichenden Privilegien sind Beziehungen zum jeweiligen Herrscherhaus.

An der Gesellschaftsspitze stehen die Shaikhs und Angehörigen der **Herrscherfamilie Al-Maktoum**, die allesamt beduinischen Ursprungs sind. Den Shaikhs folgen die „normalen" **Staatsbürger**, die sich aus hier geborenen Beduinen-Arabern – welche die einfache Stammesbevölkerung bilden – und langjährig ansässigen Zuwanderern – zumeist iranischen und indischen Ursprungs – zusammensetzen. Unter Letzteren gibt es große Händlerfamilien, die über viel Macht und Einfluss verfügen.

033du Abb.: dtcm

◀ *Beduinentradition am Lagerfeuer*

Neben diesen Einheimischen zählen zahlreiche **Fremdarbeiter** zu den Einwohnern Dubais. Mit Beginn der Erdölförderung setzte ein gewaltiger vom Staat geförderter Zustrom ausländischer Arbeitskräfte ein. Der Grund lag darin, dass die landeseigene Bevölkerung weder der Anzahl, noch dem Ausbildungsstand nach zur Bewältigung der bevorstehenden Arbeiten und Aufbauprozesse in der Lage gewesen wäre.

Der hohe Fremdenanteil birgt **Konfliktpotenzial:** Die Tatsache, dass der Gastarbeiteranteil über drei Viertel der Bevölkerung ausmacht, wird mit Sorge betrachtet. Viele fürchten eine Überfremdung, insbesondere wegen der vielen Einwanderer vom indischen Subkontinent, die den un- und halbqualifizierten Arbeitsmarkt der unteren Einkommensgruppen dominieren. Alle Ausländer haben übrigens nur so lange eine Aufenthaltsgenehmigung in Dubai, wie ihr Arbeitsvertrag gilt.

Als wichtiges Bindeglied zwischen den Gruppen fungiert der **Islam**, dem die große Mehrheit der Emirater angehört. Auch viele ausländische Gastarbeiter, beispielsweise aus Pakistan, Nordafrika oder dem Nahen Osten, sind Muslime. Für alle ist der muslimische Glaube **Mittelpunkt des Lebens.** Dubais Herrscher achten sehr genau darauf, dass das islamische Fundament keine Risse bekommt und dass sich keine fundamentalistischen Tendenzen festsetzen. Dem Propheten Muhammad zu Ehren entsteht das **Muhammad the Messenger Museum.** Es ist das weltweit erste, das ausschließlich dem wichtigsten Propheten des Islam gewidmet sein wird.

Parallelwelten

*Die rund 1,7 Millionen Bewohner Dubais teilen sich in etwa 20 % Emirater und 80 % aus fremden Ländern auf. Die Emirate sind also eine **multiethnische Gesellschaft** und die Einheimischen sind eine Minderheit im eigenen Land. Doch Dubai ist kein Schmelztiegel der Kulturen, es gilt eine **strenge sozioethnische Segregation**. Im Gesellschafts- und Wirtschaftsleben nehmen stets Einheimische die Führungspositionen ein. Fremdarbeiter leben in einer regelrechten **Parallelgesellschaft**, sie unterhalten kaum Kontakte zur einheimischen Bevölkerung (bzw. diese nicht zu ihnen) und sie haben ihre eigenen Wohnviertel sowie eigene Orte der Begegnung und Freizeitgestaltung.*

Je höher der Turm, desto tiefer der Fall?

In den letzten Jahren hat Dubai auf vielfältige Weise für Furore gesorgt: als (einst?) schnellstwachsende Stadt der Welt, als Konglomerat der Superlativen, als bonbonbuntes Fantasieland, als polyglottes Business-Babel, als Hochburg der Hotellerie, als Königsstadt der Künstlichkeiten, als Atlantis der Gegenwart sowie als Einnahmequelle bzw. Verlustabschreibung der Immobilieninvestoren. Zu Boomzeiten wurde Dubai neidisch beäugt – seit der Weltwirtschaftskrise 2008 wandelte sich dies in Skepsis und Schadenfreude bezüglich eines eventuell bevorstehenden Niedergangs.

*Sicherlich hat Dubai sich selbst haushoch **in den Himmel gehoben**,*

034du Abb.: na

doch der Stadt wurde auch viel angedichtet. Superlative Bauvorhaben und exorbitante Investmentprojekte waren begleitet von einer großangelegten Selbstvermarktung, und all das traf auf offene Ohren und Medienbegeisterung. Dabei wurden nicht nur Luxushotels sieben Sterne verliehen, sondern der Dubaier Wirtschaft auch ein unermesslicher Reichtum zugeschrieben.

Doch so wie bis zum Beginn der Weltwirtschaftskrise kaum jemand durchschaute, wie marode das globale Finanzsystem ist, so ahnte auch kaum jemand, dass auch das vermeintlich steinreiche Dubai in der Klemme steckt. Dubai glich dem Bild einer unverwundbaren und über schlimmste Krisen hinweg wachsenden Volkswirtschaft, denn bis dahin hielt sich die hartnäckige Mär, man

schwelge in Petrodollars. Fakt ist, dass Dubai zwar Öl besitzt, aber bei Weitem nicht so viel wie Abu Dhabi. Lediglich rund 5 % des Bruttoinlandsproduktes Dubais stammen aus dem **Ölsektor**. Die Regierung setzt **auf breit gestreute Einnahmequellen** und fördert gezielt den Ausbau ölunabhängiger Wirtschaftsbereiche wie Handel, Finanzen, Industrie, Immobilien und Tourismus. Diese Maxime bereitet Dubai auch zu Krisenzeiten ein breit gefächertes Wirtschaftsfundament. Entsprechend der bildhaften Beschreibung von Shaikh Mohammed besitzt Dubai nicht nur einen Obstbaum, sondern einen blühenden Garten.

Darauf aufbauend, dass Dubais Naturhafen schon lange vor der Ölförderung ein wichtiger Warenumschlagplatz war, ist das Emirat auch heute ein regional bedeutsames **Handels-, Industrie- und Finanzzentrum.** Die Stadt profitiert von ihrer zentralen Lage und den guten Verbindungen sowohl zum indischen Subkontinent als auch zum Nahen Osten, nach Europa und Afrika. Dass das Lohnniveau vergleichsweise niedrig und der Dirham an den US-Dollar gekoppelt ist, sind weitere Standortvorteile. Zudem haben eine wirtschaftsfreundliche Politik und die moderne Infrastruktur gute Rahmenbedingungen geschaffen.

Der **Freihandel** bescherte Dubai in der ersten Dekade des neuen Jahrtausends wirtschaftliche Wachstumsraten von bis zu 15 %. Im Rahmen dieses Freihandelskonzepts dürfen ausländische Unternehmen in bestimmten Sonderzonen bei hundertprozentiger Eigentümerschaft agieren und für die meisten Produkte brauchen sie kaum Steuern und Zölle zu zahlen. So sollen Kapital und Know-How aus aller Welt angelockt werden, um Forschung zu vertiefen, innovative Ideen zu verwirklichen, Schulungsmöglichkeiten zu schaffen und den Weg in die Ära nach dem Öl zu weisen. **Dubai World Central** (www.dwc.ae) heißt das jüngste Freihandelsprojekt, das typischerweise das Attribut „Mega" verdient: Falls es die Finanzlage gestattet, soll bis 2050 ein 140 km² großer Business- und Logistikbereich entstehen, inklusive dem weltweit größten Flughafen (Al-Maktoum International Airport, Inbetriebnahme Luftfracht 2010).

Interessant an Dubais **Handelsbilanz:** Nur weniger als ein Drittel aller Importe (die meisten Waren kommen aus China) werden in Dubai selbst verbraucht, der Großteil wird reexportiert, beispielsweise nach Indien und in den Iran. Eine bedeutsame Rol-

le spielt auch der **Tourismus:** Rund 20 % des jährlichen Bruttoinlandsproduktes Dubais wird damit erwirtschaftet. 2010 kamen rund 8,6 Millionen Hotelgäste, davon über 337.000 aus Deutschland, und der Wirtschaftskrise zum Trotz verbuchte Dubai steigende Besucherzahlen. Kühn hält man an seinem Vorhaben fest, 2015 15 Millionen Touristen anzulocken – entsprechend schreitet der Ausbau von Hotel- und Freizeiteinrichtungen stetig voran.

Einen Megaboom erlebte die Immobilienbranche. Viele haben Dubai samt seiner güldenen Reputation als Zweit- oder Drittwohnsitz gewählt und im ersten Jahrzehnt dieses Jahrtausends brummte die **Bau- und Immobilienbranche** ohnegleichen. Aus dem staubtrockenen Wüstenboden wuchsen mehr und mehr in Hochglanzbroschüren beweihräucherte Spekulationsobjekte. Um Dubais städtisches **Wachstumsstreben** und die menschliche Sehnsucht nach Leben am Wasser zu befriedigen, wurde an der Küste im großen Stil mit Landgewinnungen begonnen. So sind Dubais neue Markenzeichen **künstliche Inseln** in fantasievoller Formgebung.

Nach dem Abebben dieser Finanzschwemme führten die **Krisen-Kater-stimmung** und das Immobilienüberangebot zum rapiden Preisverfall: die Dubaier Immobilienpreise fielen bis 2010 50–70% unter dem Höchststand von 2008. Der Leerstand ist hoch. Dennoch wird weiter gebaut

◄ *Jumeirah Islands – nur eine von Dubais neuen Wohnwelten*

Je höher der Turm, desto tiefer der Fall?

berei bereinigt sei und Dubai bald in neuem Glanz erstrahlen werde. Dubais Machthaber und Wirtschaftsweise geben sich zuversichtlich und loben Dubais Vielseitigkeit und Leistungsfähigkeit. Projektentwickler haben sich mit Neuplanungen von den Wohn- und Bürotürmen abgewandt und setzen verstärkt auf **Infrastrukturprojekte** wie Kraftwerke, Verkehrsausbau und Meerwasserentsalzung. Auch der **industrielle Ausbau** wird verstärkt, beispielsweise in der Dubai Industrial City. Mit dem fortschreitendem Aufbau von Dubai World Central (s. S. 61) möchte Dubai sich zu einem **Luftfahrt- und Logistikzentrum** entwickeln. Durch den Rückhalt großzügiger Finanzgaben aus Abu Dhabi hofft auch Dubai – wie etliche andere Staaten – auf den Aufschwung.

(mitunter terminverzögert oder baukostenreduziert), denn es ist günstiger, vor dem Kollaps begonnene Bauprojekte fertigzustellen, als sie brachliegen zu lassen und klagende Immobilieneigner zu entschädigen. Fehlspekulationen, Firmenpleiten, Bauverzögerungen oder -stopps, Entlassungen und Schlagzeilen von Staatsverschuldung sind die Folge der weltweiten **Finanz- und Immobilienkrise.** In Dubai brodelt die **Gerüchteküche:** Manche sehen das Gespenst des Staatsbankrotts über Dubai schweben, andere geben sich der Hoffnung hin, dass der Markt nach der Krise von den Auswüchsen des Spekulantentums und der Preistrei-

◀ *Das Paradebeispiel für Dubais Schaffenskraft: der höchste Wolkenkratzer der Welt, der Burj Khalifa* **25**

Dubai entdecken

004du Abb.: jm

Dubais Zentrum

075du Abb.: kk

Dieses Kapitel führt ins Zentrum, in das eher alte und historisch gewachsene Dubai. Wobei der Begriff „historisch" im Vergleich zu anderen orientalischen Stadtgeschichten einen vergleichsweise kurzen Zeitraum umfasst.

Deira und **Bur Dubai** heißen die beiden zentralen Stadtteile die das annähernd Alte repräsentieren und sich eng an die Biegung des **Creek**, Dubais markante Inlandlagune, schmiegen. Anders als in neueren Vierteln kann man am Creekufer entlang und in den Souq-Arealen von Deira ❼ und Bur Dubai ⓫ gut spazieren gehen – eine Seltenheit in der autodominierten Stadt.

❶ Creek ★★★ [E4]

Seit Jahrhunderten ist die ca. 12 km lange geschwungene Lagune die Lebensader Dubais. Der Fischreichtum des Golfs bot den Bewohnern eine sichere Nahrungsquelle, die strategisch günstige Lage des Ortes am Eingang zur Arabischen Halbinsel war die Basis für Handelsgeschäfte. In der Lagune fanden Fischerboote und Handelsschiffe sicheren Schutz vor Meeresstürmen.

An der **Mündung der Lagune** liegen auf der Deira-Seite die Landspitze Al-Ras und auf der Bur Dubai Seite das Shindagha-Viertel (s. S. 67). Das **Ende des Creek** wird ausgebaggert, die Lagune soll erweitert werden und als Schleife etwa auf Höhe der Business Bay und des Safa Park wieder ans Meer reichen.

Creek-Cruise

An beiden Seiten des Creek liegen traditionelle **Dhaus**, große bauchige **Holzschiffe**, vor Anker. Sie kommen aus dem Iran, Indien, Pakistan, Bahrain, dem Oman, Djibouti, Somalia, Kenia, Sri Lanka und Singapur. Wie seit Jahrhunderten spielt der Dhau-Handel trotz der Existenz großer, moderner Containerschiffe auch heute noch eine bedeutende Rolle. Bei einem Spaziergang an der Promenade der Kais *(wharfage)* von Deira, wo besonders viele der Holzschiffe vor Anker liegen, kann man an den Namen der unzähligen großen und kleinen Dhaus erkennen, woher die Boote samt ihrer Besatzung stammen.

Auf einer Dhau kann man auch eine **interessante Stadt- und Creek-Besichtigung** unternehmen. Die Rundfahrten werden zu verschiedenen Zeiten offeriert, meist mit Verpflegung in Form von Büfett oder Barbecue, manchmal aber auch ohne. Die meisten Dhaus starten ihre etwa zweistündige Rundfahrt abends zwischen 20 und 20.30 Uhr, einige bieten auch Cruises zur Mittagszeit ab 13 oder 13.30 Uhr an. Die Preise in-

◀ *Vorseite: Der Burj Al Arab* ⓱
ist auch von innen beeindruckend

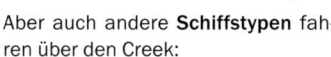
Zum Creek mit öffentlichen Verkehrsmitteln

Um **per Bus** nah an den Creek **heranzukommen**, empfiehlt sich z. B. die im Stadtteil Deira gelegene Gold Souq Station oder die Al-Ghubaiba-Busstation in Bur Dubai. **Per Metro** (Green Line) bieten sich die Stationen Al Ras in Deira bzw. Al Ghubaiba in Bur Dubai an (Bus- und Metrostationen liegen hier dicht beieinander).

Überqueren kann man den Creek (also Deira- und Bur-Dubai-Seite) am einfachsten per **Abra-Boot** bzw. **Wasserbus** (s. S. 66), zu Fuß durch den **Shindagha-Autotunnel** (hässlich, aber nützlich) oder auch mit der **Metro** (Green Line zwischen Al Ras und Al Ghubaiba). Per Bus oder Taxi dauert es wegen Staus meist länger...

klusive Mahlzeit variieren zwischen 230 und 500 Dh, eine Dhau-Tour ohne Essen gibt es ab 45 Dh. Man kann mittags oder abends einfach entlang des Creek bummeln und sich eine Dhau aussuchen. In Deira stehen **diverse Dhau-Cruise-Veranstalter** zwischen den am Ufer unübersehbaren Hotels Radisson Blu und Sheraton Dubai Creek Hotel and Towers bereit. In Bur Dubai ankern Dhaus entlang dem creekeinwärts gelegenen Teil der Al-Seef Rd.

❯ **Tour Dubai** fährt zu festen Zeiten ab dem Deira-Ufer: täglich einstündige Sightseeing-Dhau-Touren (ohne Mahlzeiten) um 11.30, 13.30, 15.30 und 17.30 Uhr, 45 Dh, auch Dinner Cruises, Tel. 3368407, www.tour-dubai.com.

Aber auch andere **Schiffstypen** fahren über den Creek:

❯ Preiswert ist der häufig fahrende **RTA-Wasserbus,** Stationen und Informationen s. S. 66, 129

Dhaus

Arabische Holz-Dhaus sind altbewährte **Schiffstypen,** die seit Jahrhunderten von geschickten Seefahrern und berühmten Navigatoren über die Weltmeere gefahren werden. Von den Küsten der Arabischen Halbinsel segelten Dhaus bereits im achten Jahrhundert allen Stürmen, Strömungen und sonstigen Gefahren zum Trotz bis nach China. Diese frühen Dhaus wurden ohne jegliches Metall, also auch ohne Nägel, konstruiert. Die Planken wurden mit in Öl eingeweichten und gedrehten Kokosnussfasersträngen regelrecht „zusammengenäht".

▶ *Der Kiel*
eines Dhau-Holzbootes

...ermal täglich bietet RTA mit **Dubai Ferry** ab Al-Seef eine einstündige Rundfahrt durch den Creek und darüber hinaus in die Küstengewässer vor Jumeirah, Infos s. S. 129.

> Luxus bietet **Bateaux Dubai**, Tel. 3994994, www.bateauxdubai.com. Ab dem Creek Walkway allabendlich luxuriöse Rundfahrten im 56 m langen, rundum verglasten Flussschiff, mit erlesenem Abendessen und Livemusik oder Sightseeing Cruise ohne Essen.

Den Creek queren mit Abras und Wasserbussen

Abras sind kleine hölzerne Motorbarkassen, die Passagiere zwischen den Ufern der Lagune hin- und herschippern. Zudem fahren geschlossene, klimagekühlte und behindertenfreundliche **Wasserbusse** der Roads and Transport Authority (RTA). Alle fahren zwischen den frühen Morgen- und späten Abendstunden alle paar Minuten ab und kosten 1 Dh (Abra) bzw. 2 Dh (Wasserbus) pro Person und Strecke. Wasserbusse sind in den Tarifverbund der RTA integriert (s. S. 126).

Derzeit gibt es sechs reguläre **An- bzw. Ablegestellen** für Abras bzw. Wasserbusse (Marine Stations): Deira Old Souq Station (Abras; Baniyas Rd, am Ende der Old Baladiya St), Deira Al-Sabkha Station (Abras & Wasserbusse; Baniyas Rd, am Ende der Al-Sabkha Rd), Deira Baniyas Station (Wasserbusse; Baniyas Rd, zwischen Stadtverwaltung und Sheraton), Bur Dubai Station (Abras; Bur Dubai, an der Bank of Baroda), Bur Dubai Old Souq Station (Abras & Wasserbusse; Bur Dubai Old Souq, an der Grand Mosque) und Al-Seef Station (Wasserbusse; creekeinwärts, Al-Seef Rd, hier Start- und Endpunkt der Dubai-Ferry-Rundfahrten durch den Creek und die Küstengewässer, s. S. 129).

Nachts verkehren Boote nur zwischen Bur Dubai Old Souq Station und Deira Al-Sabkha Station. Die **Fahrtrouten** sind im Faltplan „Dubai, Zentrum" eingezeichnet.

Ruderboote verkehren zwischen den Stationen Creek Park (Bur Dubai-Seite an der Floating Bridge) und Public Library Station (Deira-Seite, Al-Ras) und kosten 1 Dh pro Person. Über den Creek in die Küstengewässer hinaus kann man Wassertaxis mieten und mit Fähren Rundtouren unternehmen (s. S. 129).

> **Infos:** Tel. 8009090, www.rta.ae

Man kann eine Abra inklusive Bootsführer auch für eine Rundfahrt **mieten** – immer wieder sprechen Kapitäne am Creek entlangspazierende Touristen darauf an. Preis pro Stunde: Motorboot 100 Dh, Ruderboot 30 Dh.

KLEINE PAUSE

Creek-Blick

Die gesamte Uferlinie des Creek ist mit **Bänken** versehen, leider seltener sind schattige Bäume bzw. Dächer. Ein kleiner Park liegt in Bur Dubai, zwischen Al-Seef und dem Ufer. Dhaus beim Umladen sieht man in Deira, bei den Hotels Sheraton und Radisson Blu. **Cafés und Restaurants** direkt am Creekufer gibt es beim Shindagha-Volkskundeviertel (Bur Dubai, s. S. 67), schön ist es auch im Bait al-Wakeel (Bur Dubai, s. S. 34).

▶ *In Shindagha sind viele traditionelle Windturmhäuser mit hübschen Details zu finden*

038du Abb.: dtcm

Shindagha

An der Creekmündung der Bur-Dubai-Seite hat die Stadtverwaltung das Areal des wegen Baufälligkeit Anfang der 1970er-Jahre abgerissenen alten Stadtteils Shindagha zu einem Kultur- und Volkskundeviertel ausgebaut und sich dem Wiederaufbau von traditionellen Gebäuden gewidmet.

In den typischen **Windturmhäusern** wurden Ausstellungen zur landeseigenen Kultur eingerichtet. Alle liegen nur wenige Meter nebeneinander und können zusammen besichtigt werden. Während der Tageshitze ist das Gelände wenig besucht, ab dem späten Nachmittag kommen immer mehr Besucher. **Cafés und Restaurants** laden mit Creek-Blick zum Verweilen ein. Ab Shindagha eignet sich das gesamte Creek-Ufer über den Bur Dubai Souq ⑪ und weiter nach Bastakiya ⑬ hervorragend zum Promenieren.

KURZ & KNAPP

Bajeel

Ein typisches Merkmal der traditionellen Häuser ist der **Windturm** (auf Arabisch *bajeel* genannt). In präelektrischen Zeiten sorgten die bis zu 15 m hohen Türme dafür, dass eine kühle Brise in das Haus ziehen konnte – auch in die einfachen Hütten aus Palmfasern. Die Schächte reichen vom Erdgeschoss über alle Etagen und sind nach allen vier Seiten geöffnet. Im Turminneren sorgt eine X-förmige Mauer dafür, dass auf der einen Seite kühle Luft ein- und auf der anderen warme Luft ausströmen kann. In Dubai wurden die *bajeel* zu Beginn des letzten Jahrhunderts von zugewanderten reichen Händlern aus dem Südiran „eingeführt". Neben den Windturmhäusern in **Shindagha** findet man auch etliche in **Bastakiya** ⑬.

Shindagha mit öffentlichen Verkehrsmitteln

Zur direkten Anfahrt mit öffentlichen Verkehrsmitteln empfiehlt es sich, auf die Bur-Dubai-Seite zu fahren: Die **Bus- und die Metrostation Al Ghu-baiba** liegen dicht beieinander. Ab dort sind es nur ca. 10 Gehminuten nach Shindagha. Etwas umständli-cher kommt man auch ab der ande-ren Uferseite (Deira) nach Shindagha (s. S. 65).

❷ Shaikh Saeed House ★★★　[C1]

Prunkstück des Shindagha-Viertels ist das Shaikh Saeed House, das als Museum of Historical Photos and Documents fungiert.

Dieses rekonstruierte Gebäude war einst der **Palast** von Shaikh Saeed Al-Maktoum, des einstigen Machthabers von Dubai und Urgroß-vaters des heutigen Herrschers. Bis zu seinem Tod im Jahr 1958 lebte er hier am Eingang des Creek, denn durch diese Lage hatte er alle ein- und auslaufenden Schiffe im Blick und eine stetige Meeresbrise sorg-te für angenehme Kühlung. In den Räumen werden **historische Fotos** zur Geschichte und zum Wiederauf-bau des Palastes, zum traditionellen Leben auf See und in der Wüste so-wie zur Stadtentwicklung präsentiert. **Alte Münzen, Dokumente** und **Land-karten** sowie **Briefmarken** runden die Ausstellung ab.

❯ Shindagha, Al-Khaleej Rd, Tel. 3937139, geöffnet: Sa.–Do. 8.30–20.30, Fr. 15–20.30 Uhr, Eintritt: 2 Dh

❸ Heritage Village und Diving Village ★★　[D1]

Ebenfalls in Shindagha liegen die-se beiden um große Innenhöfe herum erbauten **rekonstruierten Windturm-häuser.** Der Komplex des **Heritage Village** („Volkskundedorf") bietet Gelegenheit, die emiratische Kul-tur, Geschichte und Tradition ken-nenzulernen. Nachgebaut sind z. B. Markt- und Handwerksstände, alte Ziehbrunnen und traditionelle Bewäs-serungskanäle, zudem Steinhäuser aus der Bergregion und Beduinenzel-te aus Wüstenarealen.

Das benachbarte **Diving Village** („Tauchdorf") widmet sich der mari-

039du Abb.: dtcm

timen Historie Dubais. So finden sich allerlei Ausstellungs- und Verkaufsstücke zur Fischerei und Perlentaucherei, nachgebaute Schiffsmodelle sowie Dhaus in Originalgröße.

Zu feierlichen Anlässen und während des Dubai Shopping Festival (s. S. 18) finden in beiden Anlagen **folkloristische Veranstaltungen** (Tänze, Musikkonzerte, Theateraufführungen, Kunstausstellungen etc.) statt und es werden traditionelles Kunsthandwerk und Souvenirs verkauft.

> Shindagha, Al-Khaleej Rd, Tel. 3937151, geöffnet: Sa.–Do. 8.30–22, Fr. 15.30–22 Uhr, Eintritt frei

❹ House of Traditional Architecture und Sheikh Obaid Bin Thani House ★★ [C1]

Den historischen **Wert der traditionellen Architektur** veranschaulichen diese ursprünglich zu Beginn des letzten Jahrhunderts erbauten, doch zwischenzeitlich abgerissenen und wiederaufgebauten Häuser.

Im Haus des Shaikh Juma ist eine Ausstellung eingerichtet. Veranschaulicht werden regionale Bauformen und -materialien sowie Dekorationstile. Deutlich wird die Rolle traditioneller **Ornamentik**, denn dem Koran getreu wird auf die Abbildung von Menschen und Tieren verzichtet. Zur Dekoration dienen arabeske oder abstrakte Muster, auch **Kalligrafien** mit religiösem Hintergrund. Schließlich werden Techniken und Materialien der **Konservierung** historischer Gebäude thematisiert.

Auch das benachbarte Haus des Shaikh Obaid bin Thani ist in dieser Bauform rekonstruiert worden.

> Shindagha, Al-Khaleej Rd, geöffnet: Sa.–Do. 8.30–20.30, Fr. 14.30–20.30 Uhr, Eintritt frei

❺ House of Horse und House of Camel ★★ [C1]

Ebenfalls im Kultur- und Volkskundeviertel Shindagha befinden sich – nebeneinander – die beiden rekonstruierten Windturmhäuser House of Horse und House of Camel. Sie widmen sich – wie der Name schon sagt – den beiden liebsten **Tieren der Beduinen**: dem Kamel und dem Pferd.

Die um einen Innenhof gruppierten Räume informieren über **Historie, Anatomie und Aufzucht**. Die ursprünglich Anfang der 1940er-Jahre von Shaikh Rashid bin Saeed Al-Maktoum erbauten Gebäude dienten als hochherrschaftlicher Kamel- und Pferdestall und wurden jüngst rekonstruiert.

> Shindagha, Al-Khaleej Rd, geöffnet: Sa.–Do. 8.30–20.30, Fr. 16.30–20.30 Uhr, Eintritt frei

KLEINE PAUSE

Speis und Trank in Shindagha

An der Creek-Promenade des Shindagha-Viertels gibt es mehrere gemütliche Café-Restaurants, in denen man sowohl mittags als auch abends drinnen oder draußen arabische und internationale Kost, Meeresfrüchte oder Grillspeisen essen bzw. nur etwas trinken kann (keine Alkoholika). Auch Wasserpfeifen stehen bereit – beispielsweise im Al-Bandar (s. S. 34) und im Kan Zaman (s. S. 35).

Kinderfest im Heritage Village

❻ Dubai Festival City ★ [hn]

Jenseits der Garhoud-Brücke – zu weit entfernt, um ab Deira oder Bur Dubai zu Fuß dorthin zu gehen – dehnt sich die estival City auf 3 km Länge vor der reizvollen Creek-Kulisse der Deira-Seite aus. In diesem Stadtteil werden Freizeit- und Kulturveranstaltungen aller Couleur dargeboten.

Insbesondere Dubais Lieblingstätigkeiten **shopping, dining, entertaining** lassen sich hier perfekt ausleben. Den 50.000 (größtenteils noch gesuchten) Einwohnern versprechen die Immobilienmakler hohe Lebensqualität, auch unterhalb des Luxuspreisniveaus.

Markenzeichen sind der **Jachthafen** und die angegliederte **Creek-Promenade** einschließlich des Canal Walk, einem 400 m langen künstlichen Kanal, auf dem traditionelle Wassertaxis die Besucher (umsonst) zu ihrem Ziel schippern. Beispielsweise zu einem der **rund 40 Restaurants und Cafés** entlang dem Ufer oder in eines der vielen Geschäfte.

Festival Centre (s. S. 24) samt **Festival Square** sind die Herzstücke des Stadtteils: zum einen ein Einkaufsparadies, in dem **600 Geschäfte** um die Gunst der Kunden buhlen, zum anderen ein Veranstaltungszentrum, in dem Konzerte und Kulturevents abgehalten werden. Selbstverständlich gibt es hier weitere Gastronomiebetriebe und zur Übernachtung stehen **Luxushotels** bereit, Golfer logieren passend im Golfresort. Innerhalb der Festival City verkehrt ein Shuttlebus.

❯ Infos: www.dubaifestivalcity.com, Metro Red Line: GGICO, ab dort Restanfahrt am besten per Taxi, Wassertaxi oder zu Fuß entlang der Al-Rebat St

Deira

Auf der nördlichen Seite des Creek bildet der historisch gewachsene Stadtteil Deira einen Teil des Stadtzentrums. Das „Kernstück" ist dabei die Landspitze Al-Ras, die dem Mündungsverlauf des Creek seine Biegung verleiht.

Wichtige Straßen in Deira sind die Uferstraßen: die Baniyas Rd entlang dem Creek und die Al-Khaleej Rd parallel zum Golfufer. Mitten durch Deira laufen die Naif Rd, die Al-Rigga Rd und die Al-Maktoum Rd. Auf letztgenannter Straße sind der monumentale Uhrturm *(clock tower)*, der Union Square (Metro-Umsteigsstation) sowie der Baniyas-Platz (zwischen Creek und Souq) **zentrale Orientierungspunkte.**

Bekannte Bezirke auf der Deira-Seite sind: Naif (um die Naif Rd), Al-

O40du Abb.: kk

Deira mit öffentlichen Verkehrsmitteln

Alle beschriebenen **Sehenswürdigkeiten liegen nahe beieinander** und lassen sich nacheinander zu Fuß erkunden. Zur direkten Anfahrt mit öffentlichen Verkehrsmitteln empfiehlt es sich, per **Bus** zur Gold Souq Station bzw. per **Metro Green Line** zur Station Al Ras zu fahren (Bus- und Metrostationen liegen dicht beieinander).

041du Abb.: kk

Hamriya (am Golfufer), Al-Rigga (rund um die Al-Rigga Rd), Al-Muraqqabat (rund um die westliche Al-Rasheed Rd) und Hor al-Anz (rund um die östliche Al-Rasheed Rd).

Die Uferstraße entlang des Persisch-Arabischen Golfs soll im Zuge des Baus der vor der Uferpromenade gelegenen **dritten künstlichen Palmeninsel** mit Büro- und Geschäftsgebäuden, Museen, Geschäften, Cafés, Freizeiteinrichtungen, Hotels usw. ausgebaut werden. Die Deira-Palme sollte mit über 80 km² die größte des Palmen-Trios sein – so zumindest die Planung vor den Schattenbilanzen der Rezession.

❼ Deira Souq ★★★   **[E2]**

Der Souq von Deira dehnt sich auf der Halbinsel Al-Ras aus – genau genommen ist die ganze Landspitze ein einziges riesiges Souq-Gebiet, das vom Glanz des Gold Souq ❽ dominiert wird.

Die Stadtverwaltung Dubais hat an vielen Stellen **Restaurierungen der alten Geschäftsgebäude** vornehmen lassen, bei denen nur traditionelle Materialien wie Korallen- und Muschelstein sowie Palm- und Sandelholz verwendet wurden. Baustil und Design der Zierornamente im Mauerwerk und auf den Holztüren folgen althergebrachten Mustern. Toll für hitzeempfindliche Touristen: Etliche Gassen des Souqs sind mit **hölzernen Schattendächern** überspannt.

Im Deira Souq gibt es eine große **Vielfalt** an orientalischem und unorientalischem Allerlei, auch etliche Souvenirshops finden sich. Wer traditionell arabische oder indische Kleidung sucht, der findet hier eine große Auswahl. Nicht für Touristen ist das Sortiment vieler Shops rund um den Gold Souq ❽, denn sie verkaufen nur Großabnehmermengen – zu erkennen am Schild „wholesale only".

◄ *Markanter Orientierungspunkt mitten in Deira: der „clock tower"*

▲ *Im Deira Souq findet man unter anderem eine große Auswahl an Tees*

Ein Erlebnis der besonderen Art verspricht ein Bummel durch die gedeckten Gassen des **Gewürzmarktes,** der sich zwischen der Old Baladiya St, der Al-Ras Rd und der am Creek entlanglaufenden Baniyas Rd ausdehnt. Die Gerüche der verschiedensten Gewürze ziehen durch die Gassen – Paprika, Curry, Koriander, Kardamom, Kurkuma, Ingwer, Gewürznelken, Muskatnüsse, Kräuter, Chilischoten, Knoblauch und Limonen. Es finden sich auch unzählige Naturheilmittel. Sowohl als Heilmittel, aber in erster Linie als Duftstoff wird Weihrauch verwendet. Wohlriechende Dufthölzer und Räuchermischungen werden ebenfalls angeboten sowie die entsprechenden Brenngefäße. Auch Duftöle und Parfüms verströmen ihr Odeur – nicht zu vergessen die filigranen Glasflakons. Dazwischen steht immer wieder Hennapulver, mit dem sich arabische und indische Frauen

Arabische Marktviertel – Mikrokosmos Souq

*In der arabischen Gesellschaft hatte der Warenhandel schon **in vorislamischer Zeit** einen hohen Stellenwert. In nahezu allen Winkeln des arabischen Raumes verdingten sich Kaufleute im Fernhandel. Auf weitverzweigten Handelswegen wurden die edelsten Güter, darunter Gold, Seide, Gewürze, Weihrauch, Elfenbein, Teppiche und Pelze, transportiert.*

*Entsprechend wichtig waren - und sind - orientalische Märkte. Das traditionelle Marktviertel („souq“) ist in nahezu allen arabischen Ländern das **Zentrum des lokalen Handels.** Hier erlebt der Besucher „Orient pur“ mit all seinen wechselnden Eindrücken.*

*Wie die Stadt selbst, so ist auch der Markt Dubais durch den Creek zweigeteilt, sodass es einen **Deira Souq** 7 und einen **Bur Dubai Souq** 11 gibt. Das Bummeln und Stöbern in den Souq-Gassen wird durch das (scheinbare) Durcheinander, die ständig wechselnden Gerüche und die vielen Menschen aus aller Welt zu einem echt orientalischen Erlebnis.*

*In den engen, verwinkelten Gassen findet man ein **vielfältiges Wa-*** *rensortiment,** das von Zahnstochern über Bekleidung bis hin zu edlen Juwelen reicht. Der Großteil entfällt auf preiswerte Textilien, Stoffe, Schuhe, Taschen, Haushaltswaren, Uhren und Elektroartikel.*

*__Handeln__ ist im Souq ausdrücklich erwünscht und sollte immer Teil des Einkaufes sein (s. S. 29). Viele der **Händler** in Dubai stammen aus Indien, Iran oder Pakistan, eine deutliche Mehrheit der **Käufer** kommt aus Russland und den GUS-Staaten und beliefert durch massenhafte Einkäufe ihre heimischen Märkte.*

*Neben Geschäften gibt es auch zahlreiche **kleine Restaurants, Imbisse und Caféterias** mit Softdrinks und frischen Fruchtsäften.*

Die vielen im Souq ansässigen Wechselstuben (s. S. 100) bieten durchgängig bessere Kurse als die Banken - und insbesondere als die Wechselschalter in den Hotels.

*Die meisten Geschäfte im Souq öffnen morgens zwischen 8 und 9 Uhr, sind **über Mittag geschlossen** und haben danach erst wieder ab etwa 16 Uhr bis abends gegen 22 Uhr geöffnet.*

gerne die Hände und Füße verschönern (s. S. 28).

Am östlichen Ende der Hauptgasse
des Gewürzsouqs, an der Old Baladiya St steht das Haus, das bis 1964
als Dubais Rathaus diente. Im Gebäude informiert eine kleine **Ausstellung
der Stadtverwaltung** („Municipality
Museum") über die Geschichte der
Stadtverwaltung.

Ein **Markt für Obst, Gemüse, Fleisch
und Fisch** befindet sich in einer großen Halle östlich des Shindagha-Tun-
nels hinter der Gold-Souq-Busstation.
Das Angebot ist vielfältig, farbenpräch-
tig und vor allem frisch. Ein Besuch
lohnt insbesondere am Vormittag. Angegliedert ist das kleine Fischereimu-
seum **Fisherman's House**.

🔴 Gold Souq ★★ [E2]

In der mitten in Deira gelegenen
Hauptgasse des Goldmarktes, der
mit einem Schatten spendenden
Dach überspannten **Sikkat al-Khail
Rd**, ist wahrhaftig alles, was glänzt,
aus (purem) Gold. In den Schaufens-
tern und Vitrinen der über 300 Läden
wird der Betrachter durch die fun-
kelnden Auslagen aus Gold und Juwelen regelrecht geblendet.

Während Europäer Gold eher aus
ästhetischen Gründen kaufen, ist es
für Araberinnen zudem eine **wichtige
Wertanlage**. Goldschmuck stellt den
größten Teil des Brautpreises, der
von der Familie des Bräutigams an
die Eltern der Braut und an sie persönlich gezahlt wird. Viele Schmuckstücke sind im Stil des alten traditio-

*Im Gold Souq ist tatsächlich alles
Gold, was glänzt*

nellen Beduinenschmucks gestaltet. Andere sind mit indischen Elementen verziert, denn unter den Goldkäufern sind auch viele Inder. Das Angebot berücksichtigt auch den Geschmack der Europäer, die schlichte und kleinere Pretiosen bevorzugen. Bei Europäern am beliebtesten sind 14- und 18-karätige Schmuckstücke, unter Indern erfreut sich 22-karätiger Schmuck größter Wertschätzung, wohingegen Araber 21 oder pure 24 Karat bevorzugen.

❾ Heritage House ★★ [D2]

Das Heritage House und die direkt nebenan gelegene Ahmadiya School ❿ sind zwei schöne Beispiele von restaurierten historischen Häusern – und das Beste: Man kann sie von Innen besichtigen, denn sie sind als Museen eingerichtet.

Die ältesten Teile des **Heritage House** („Volkskundehaus") stammen aus dem Ende des 19. Jahrhunderts. Ursprünglich gab es hier nur zwei feste Zimmer und die damals üblichen luftigen Palmwedelanbauten um den Innenhof. Das renovierte und teilweise auch rekonstruierte Gebäude wurde mit alten Gegenständen und Puppen in ein **kleines Volkskundemuseum** verwandelt. Durch seine liebevolle und detaillierte Einrichtung lohnt sich eine Besichtigung sehr und man kann sich in Gedanken einige Jahrzehnte zurückversetzen lassen.

Hinter dem Eingang liegt eine große Empfangshalle mit Zugang zum traditionell arabischen **Versammlungsraum,** in dem reine Männerrunden stattfanden (der Versammlungsraum der Frauen liegt im nordöstlichen Gebäudeteil). Das Herzstück ist der große **Innenhof,** um den die Wohnräume der Hausbesitzer und Hausangestellten sowie die Küche und Vorratsräume angeordnet sind. Vom Hof aus sind auch der typische **Windturm** und die zwei Verandas zu sehen.

Sehenswert ist auch die über dem Eingang gelegene 2. Etage, einst ein von allen Seiten winddurchfluteter Versammlungs- und Schlafraum, der sich der Ausstellung **traditioneller Spiele** widmet.

❯ Deira, Al-Ahmadiya St, Tel. 2260286, geöffnet: Sa.–Do. 8–19.30, Fr. 15–19.30 Uhr, Eintritt: frei

❿ Ahmadiya School ★★ [D2]

Die neben dem Heritage House ❾ liegende Ahmadiya Schule wurde 1912 gegründet. Nach langem Dornröschenschlaf und langsamem Verfall wurde das Gebäude restauriert und zu einem **Bildungsmuseum** umgewandelt.

Der Innenhof mit seinen weißen Stukkaturen und den Bogengängen ist ebenfalls sehr schön anzusehen. Drumherum sind alte, **eingerichtete Klassenzimmer, historische Fotografien und Dokumente** zu besichtigen. Englischsprachige Texte und nach Belieben zuschaltbare Filme informieren über die Hintergründe.

Auf diese **erste reguläre Lehranstalt** des Landes schickten wohlhabende Händler ihre Söhne, um sie eine fundierte Ausbildung genießen zu lassen. Damals wurden Arabisch, Islamwissenschaft und Mathematik gelehrt. Viele Prominente drückten hier die Schulbank, so auch spätere Herrscher des Emirats. 1965 musste die Ahmadiya-Schule den Lehrbetrieb einstellen, weil das Gebäude zu klein geworden war.

› Deira, Al-Ahmadiya St, Tel. 2260286, geöffnet: Sa.–Do. 8–19.30, Fr. 15–19.30 Uhr, Eintritt: frei

Bur Dubai

Südlich der Lagune dehnt sich der zweite wichtige Teil des alten Stadtzentrums aus: Bur Dubai. Hier befindet sich mit dem Al-Fahidi-Fort ⑫ *auch eins der ältesten Gebäude der Stadt. 1787 erbaut, beherbergte es lange Jahre den Herrschersitz, heute ist es ein hypermodernes Museum. Neben diesem historischen Herrscherdomizil steht der heutige Regierungspalast („diwan"). Die Festung ist das einzige historische Gebäude in Bur Dubai. Andere Häuser, die zwar alt aussehen, sind in Wahrheit wieder aufgebaut worden und bieten den Besuchern in den beiden Volkskundevierteln Bastakiya* ⑬ *und Shindagha (s. S. 67) Einblick in die Vergangenheit.*

▲ *Kunstvolle Arkaden säumen den Innenhof der Ahmadiya School* ⑩

Anfahrt mit öffentlichen Verkehrsmitteln

Alle beschriebenen Sehenswürdigkeiten in Bur Dubai liegen nahe beieinander und lassen sich nacheinander zu Fuß erkunden. Zur direkten Anfahrt mit öffentlichen Verkehrsmitteln empfiehlt es sich, per **Bus** oder per **Metro Green Line** zur in Bur Dubai gelegenen Al-Ghubaiba Station zu fahren (Bus- und Metrostationen liegen nebeneinander). Wie man **über den Creek** von Deira nach Bur Dubai kommt (s. S. 65).

▲ *Das Al-Fahidi-Fort* ⑫ *war lange Herrschersitz und beherbergt heute das Dubai Museum*

Wichtige Stadtteile auf der Bur-Dubai-Seite des Creek heißen Al-Mankhool (um die Al-Mankhool Rd), Karama (zwischen Trade Centre Rd und Za'abeel Rd) und Umm Hurair (um die Umm Hurair Rd). **Zentrale Verkehrsschneisen** sind die Al-Khaleej Rd, die Al-Mankhool Rd, die Trade Center Rd, die Za'abeel Rd und die Umm Hurair Rd. Von Bedeutung ist auch die Khalid bin al-Waleed Rd, die wegen der zahlreichen ansässigen Geldinstitute „Bankenstraße" genannt wird und Bur Dubai vom Rashid-Hafen bis zur Al-Maktoum-Brücke durchschneidet.

⑪ Bur Dubai Souq ★★★ [C3]

Wie in Deira, so hat die Stadtverwaltung auch in Bur Dubai eine umfangreiche Renovierung und Verschönerung des Souq-Gebietes initiiert. Manche Gassen sind mit hölzernen Bogengängen überdacht und Häuser wurden im traditionellen Stil mit Korallenstein sowie zum Teil mit Windtürmen restauriert.

In den gedeckten Gassen des Bur Dubai Old Souq finden sich **typische Souvenirs** – die Bandbreite reicht von arabischem und indischem Nippes über Handwerksarbeiten bis hin zu einer Vielfalt an T-Shirts mit Dubai-Aufdrucken.

Bait al-Wakeel – Ruheinsel des Bur Dubai Souq

Am Rand des Souq liegt direkt am Creekufer (genau gesagt zwischen den Abra-Stationen Bur Dubai und Old Souq) das renovierte Bait al-Wakeel. Im Jahr 1935 erbaut, war es einst das erste Handelshaus Dubais. Heute beherbergt es ein **Café-Restaurant** (s. S. 34) mit arabischer Kost, Grillspeisen und Fischgerichten. Sehr schön ist die **über (!) dem Creek gelegene Terrasse.** Wer nicht speisen möchte, kann eine Wasserpfeife, einen Kaffee oder einen Fruchtsaft genießen. Die Aussicht auf den Creek mit den hin- und herschippernden Abra-Booten und den hölzernen Fracht-Dhaus vor dem Dubaier Häuserwirrwarr ist nicht zu überbieten.

Die mitten im Souq-Areal gelegene Al-Fahidi St sowie einige ihrer Seitenstraßen fungieren als **Elektromarkt,** der sich auf den Verkauf von Unterhaltungselektronik, elektronischen Haushaltsgeräten, Handys, Armbanduhren sowie Fotozubehör spezialisiert hat. Das Angebot ist groß, es gibt sowohl Billigschrott als auch qualitativ

045du Abb.: kk

hochwertige Markenprodukte und technische Neuheiten.

Zwischen der Großen Moschee und dem Creek liegt der farbenprächtige **Stoffmarkt** Bur Dubais. Die Schaufenster konkurrieren um die bunteste Auslage, unter den Vordächern flattern indische Seidensaris und Kaschmirschals, im Innern der Läden stapeln sich dicke Stoffballen in allen Farben, Mustern und Qualitäten.

⑫ Dubai Museum im Al-Fahidi-Fort ★★★ [D3]

1787 wurde das imposante Al-Fahidi-Fort erbaut, das heute das bedeutendste historische Gebäude Dubais ist. Seit 1971 beherbergen seine Mauern – samt einem Anbau – das Nationalmuseum.

Bis 1896, als der damalige Herrscher in ein Palastgebäude an den Creek umzog, wurde die Festung als Herrschersitz genutzt. Zudem diente sie zur Bewachung und Verteidigung der Stadt sowie als Waffenlager und Gefängnis. Im **Innenhof** kann man in ein mobiles Sommerhaus früherer Beduinengenerationen, das aus Palmwedeln besteht, eintreten. Für Kühlung sorgte ein Windturm, dessen Wände aus einem mit Leinentüchern überspannten Holzgerüst bestehen. Im Dämmerlicht der umliegenden **historischen Räume** wird die Geschichte des Forts erhellt.

Im südwestlichen Wehrturm (dem ältesten) befindet sich der Eingang in einen **unterirdischen Museumsteil**, der als „multimediales Reich der Sinne" beschrieben werden kann. Raffinierte Film-, Ton- und Lichteffekte,

▲ *Ziehbrunnen im Innenhof des Al-Fahidi-Fort*

◀ *Allabendlicher Rummel in den Straßen des Bur Dubai Souq*

Hologramme und sogar Gerüche begleiten den Rundgang durch Dubais Geschichte und Kultur. Unter anderem sind ein Souq, ein Dattelgarten und archäologische Grabstätten dargestellt. Lebensgroße Puppen und ausgestopfte Tiere lassen alles noch plastischer erscheinen.

> Bur Dubai, Al-Fahidi St, Tel. 3531862, geöffnet: Sa.–Do. 8.30–20.30, Fr. 14.30–20.30 Uhr, Eintritt: 3 Dh, Metro Green Line: Al Fahidi

🄭 Bastakiya ★★★ [D4]

Das wenige Hundert Meter östlich des Forts 🄬 gelegene Bastakiya-Viertel ist eines der ältesten der Stadt. Mitten im Trubel Bur Dubais öffnet sich hier eine kleine Oase der Ruhe – eines der wenigen Areale Dubais, in dem Spazierengehen Spaß macht.

047du Abb.: dtcm

Schlendert man durch die schattigen Gassen, bekommt man einen Eindruck vom alten Dubai. In den **Windturmhäusern** sind Kunstgalerien, Restaurants sowie Architektur- und Kulturorganisationen untergebracht. Die meisten Gebäude und Wohnhäuser wurden Anfang des 20. Jahrhunderts von wohlhabenden Kaufmannsfamilien, die ihre Wurzeln im Irak oder in Indien hatten, errichtet. Als Baustoff dienten lokal verfügbare Baumaterialien wie Korallenstein, Muschelkalk und Lehm. Viele Gebäude besitzen einen noch vollständig erhaltenen, aber nicht mehr benutzten Windturm. Das gesamte Viertel wurde **mit traditionellen Baustoffen restauriert** – zudem wurden Häuser ergänzt.

Mitten im Viertel steht ein **Stück der alten Stadtmauer**, von denen Dubai einst sogar zwei besaß: Die ältere schützte ab 1800 die Altstadt Bur Dubais, das Fort 🄬 und die große Moschee. Sie bestand aus Korallenstein und Gips, war ca. 600 m lang und 2,5 m breit. Eine zweite Mauer wurde um 1850 in Deira erbaut, beide wurden bei Stadterweiterungen zerstört.

Diverse **Kunstgalerien** laden vor Ort zum Erkunden ein. Stadtbekannt ist zum Beispiel die Majlis Gallery (s. S. 47). Schön, schattig und charmant bieten die in Bastakiya gelegenen folgenden Cafés **Kaffee plus Kunst plus Flair:** Das **XVA Café** (s. S. 120) ist Café, Kunstgalerie und Hotel in einem und befindet sich in einem 100 Jahre alten renovierten Windturmhaus. Im baumbestandenen Innenhof eines renovierten Altstadthauses befindet sich das **Basta Arts Café** (s. S. 39). Hier gibt es leckere Fruchtcocktails und Salate. Wer Gefallen gefunden hat an Bastakiya, findet außer im XVA Guesthouse auch im kleinen, aber feinen **Orient Guest House** (s. S. 120) eine Unterkunft. Letzteres hat ebenfalls ein Café. Ein schickes **Restaurant** der gehobenen Preisklasse verbirgt sich hinter Bastakiah Nights (s. S. 34) am Creek-Ufer. Liebhaber von historischen Münzen bzw. Briefmarken kommen im **Coins House** bzw. im gegenübergelegenen **Philately House** auf ihre Kosten (am Creek-Ufer neben der Moschee) und auch das der Völker- und Kulturverständigung verschriebene **Shaikh Mohammed Centre for Cultural Understanding** (s. S. 103) kann hier besucht werden. Jeden Samstag wird in Bastakiya außerdem ein **Straßenmarkt** samt Kultur- und Musikprogramm abgehalten (ca. 10 Uhr bis Sonnenuntergang, Tel. 3217114, www.souqalbastakiya.com).

⑭ BurJuman Centre ★ [B6]

In diesem Einkaufszentrum ist die Dichte an **exklusiven Geschäften und Boutiquen** besonders hoch. Auf drei Etagen gibt es über 300 Geschäfte mit einer Vielzahl führender Luxusmarken. Besonderes Flair „versprühen" die **vielen Brunnen** und besonders für Hungrige anziehend sind die **zwei Food Courts**. Zudem bieten diverse Restaurants raffinierte Kost.

❯ Bur Dubai, Khalid bin al-Waleed Rd, Ecke Trade Centre Rd, Tel. 3520222, www.burjuman.com, geöffnet: 10–22 Uhr, Metro Red Line und Metro Green Line: Khalid bin al Waleed

Dubais Neustadt

Südlich des im vorigen Kapitel beschriebenen Zentrums dehnt sich der Stadtteil Jumeirah entlang der ehemals natürlichen Küstenlinie des Golfes aus. An seinen Küstenstücken schafft sich Dubai schöne neue Welten im Meer.

Baulich manifestiert sich das in **künstlich aufgeschütteten Inseln**. Am bekanntesten sind die Palmeninseln, doch als Krönung der Symbolik schafft sich Dubai mit The World ㉓ tatsächlich seine eigene Welt.

Der technische Aufwand der Landgewinnung ist immens, der Eingriff in die Natur massiv. Es fällt schwer, sich vorzustellen, dass Dubais ursprüngliche Küstenlinie von knapp 60 Kilometer schon in ein paar Jahren auf 1000 Kilometer Länge erweitert worden sein soll. Der teilweise maroden Finanzlage entsprechend wurden Bauplanung bzw. Ausführung und Terminpläne einiger Projekte angepasst.

Die **Shaikh Zayed Rd**, die Schnellstraße nach Abu Dhabi, markierte Ende des letzten Jahrtausends die im Landesinneren gelegene Stadtgrenze, doch inzwischen ist Dubai darüber hinaus immer weiter in die Wüste hineingewachsen. Und auch die spiegelglasverkleideten Wolkenkratzer entlang der Shaikh Zayed Rd sind immer höher geworden und haben Rekordmarken gesetzt.

Im Nordosten grenzt Dubais Küste an **Sharjah** – im Grunde sind beide Städte in den letzten Jahren aneinandergewachsen – und im Südwesten grenzt Dubai an das Emirat **Abu Dhabi**, doch kurz davor liegt noch Jebel Ali und auch dieses Uferende Dubais wird massiv bebaut, beispielsweise mit der Palmeninsel Jebel Ali ㉔,

Eine der Gassen im Bastakiya-Viertel

die – so die Finanzlage es gestattet – von der Inselwelt der Dubai Waterfront umgeben sein wird.

Jumeirah

Noch vor wenigen Jahren als kleines Fischerdorf weitab vor den Toren Dubais gelegen, liegt Jumeirah heute geografisch gesehen mittendrin. Hier stehen zahlreiche elegante Strandvillen, hier haben etliche Geschäfte, Restaurants und Cafés eröffnet und hier reihen sich luxuriöse Hotelresorts aneinander.

Als Kehrseite der Glitzermedaille ist nahezu die gesamte Küstenlinie zugebaut und manche Strände gleichen **Großbaustellen**: noch mehr Hotels sowie diverse künstliche Inseln sind in der Entstehung. Touristisch interessant sind die stilvoll dekorierte Jumeirah Moschee **15**, mehrere Einkaufszentren und zum Baden öffentliche Strandstücke. Das Rückgrat ist

EXTRATIPP

Jumeirah mit öffentlichen Verkehrsmitteln

Die lang gezogene Küstenlinie kann man am einfachsten über die im Nordosten gelegene **Satwa-Busstation** (östliche Al-Satwa Rd) erreichen. Ab dort fahren **diverse Buslinien** entlang der Jumeirah Rd bzw. der Al-Sufouh Rd bzw. durch die küstennahen Viertel.

Ab 2014 kann man auch im Südosten (Al-Sufouh) in die **Al-Sufouh Tram** einsteigen (ca. 14 km lange Straßenbahn von Madinat Jumeirah bis Dubai Marina und Media City). Diese Tram soll an die Metro Red Line angeschlossen werden, zudem an die über Palm Jumeirah fahrende Einschienen-Bahn (Monorail).

die **Jumeirah Rd**, die sich vom Stadtteil Satwa (mit der Einkaufsstraße 2nd of December Rd als Mittelpunkt)

048du Abb.: jm

nach Süden zieht und in die Al-Sufouh Rd übergeht.

Meist wird Jumeirah als Synonym für alle seeseitigen Bereiche zwischen dem Rashid-Hafen und der südöstlichen Stadtgrenze bei Jebel Ali gebraucht, doch dabei werden einige andere Stadtteilnamen unter den Tisch gekehrt, so **Umm Suqeim** und **Al-Sufouh**, die im Südosten von Jumeirah entlang dem Meeresufer liegen. Daran schließt sich der Hochhausstadtteil Dubai Marina an ㉒.

⑮ Jumeirah Moschee ★ ★ ★ [gl]

Die sich am Beginn der Jumeirah Rd (Ecke 2nd of December Rd) befindende Jumeirah Moschee ist die größte und schönste der Stadt. Mit ihren zwei schlanken Minaretten und der Gebetshalle mit fünf Kuppeln ist sie ein anschauliches Beispiel moderner islamischer Architektur. Abends erstrahlt das illuminierte Gebäude in einem breiten Spektrum von Beige- und Gelbtönen.

Der **Besuch** der 1975 erbauten Moschee ist Nichtmuslimen nur im Rahmen einer Führung gestattet, diese ist aber sehr empfehlenswert, denn sie vermittelt nicht nur Einblicke in das bonbonbunte, stuckverzierte Innere der Moschee, sondern es werden auch die wesentlichen Grundzüge des islamischen Glaubens erläutert. Klasse: Jeder bekommt hier seine persönlichen Fragen zum Islam beantwortet.

Beim Besuch der Moschee sollten sowohl Männer als auch Frauen **gebührlich gekleidet** sein: Knie und Schultern bitte bedecken und Frauen sollten ein Kopftuch tragen. Beim Betreten des Gebetsraumes muss jeder seine Schuhe ausziehen.
> Jumeirah, Jumeirah Rd, Moscheeführungen des Shaikh Mohammed Centre for Cultural Understanding, Di., Do., Sa., So. 10 Uhr, Anmeldung: Tel. 3536666, www.cultures.ae

⑯ Wild Wadi ★ ★ [dl]

Dieser **Wasserpark** ist sehr aufwendig und detailgetreu einem Fluss (arab. *wadi*) nachempfunden. In den „wilden" Fluten finden große Wasserratten ihren Adrenalinkick und kleine ihren Spaß. 30 Attraktionen bietet der Park, für Kinder extragefahrlos. Klasse ist auch die Lichtshow am Abend und der zum Park gehörige **Strand** lädt zum Ausruhen und Sonnenbaden ein.
> Al-Sufouh, Jumeirah Rd, Tel. 3665000, www.wildwadi.com, geöffnet: 10–18 Uhr, je nach Jahreszeit/ Sonnenuntergang ggf. länger, im Sommer dienstagabends Ladies Night, Eintritt: Erwachsene 205 Dh, Kinder 165 Dh, Sundowner-Ermäßigung 2 Stunden vor Schließung, diverse Rabatte und Familientarife

⑰ Burj Al Arab ★ [dl]

Eines der ersten Symbole des himmelhoch aufstrebenden Dubai war das Luxushotel **Burj Al Arab**, was mit „Turm Arabiens" übersetzt wird. Bei seiner Einweihung im Jahr 2000 waren Superlative hier noch eine Besonderheit.

Der viel fotografierte **futuristische Bau** reckt sich zwischen Jumeirah

Madinat Jumeirah (s. S. 123) und Burj Al Arab ⑰ prägen das Bild von Jumeirah

und Palm Jumeirah unübersehbar 321 m hoch in den Himmel. Die offene Lobby reicht bis zum Dach und ist die höchste der Welt. Sogar die Freiheitsstatue würde im Inneren Platz finden! In der Architektur des Gebäudes zeigt sich die Seefahrertradition der Emirate, denn der Burj Al Arab ist in **Form eines aufgeblähten Segels** erbaut.

202 doppelstöckige Suiten gibt es hier, **viel Platz, Privatbutler, Pomp und Plüsch** verwöhnen selbst die anspruchsvollsten Gäste. 10.000 m² Blattgold wurden zur Dekoration aufgetragen und kontrastieren das eigenwillige kunterbunte Farbdesign. Das Innere des Hotels darf aber nur von den Gästen betreten werden. In den Restaurants dürfen zwar auch Nicht-Hotelgäste speisen, aber es ist eine Reservierung erforderlich – und es ist teuer. Für die **kulinarische Genüsse** kann man wählen, ob man eine Himmelsbar erstürmen oder in ein Unterwasserrestaurant abtauchen möchte.

Das auf dem Festlandstrand gelegene Schwesterhotel **Jumeirah Beach Hotel** gleicht der Form einer Riesenwelle. Von derselben Hotelkette gemanagt, ist es ebenfalls ein Reich des Lifestyle und des Luxustourismus, jedoch deutlich weniger extrovertiert als der Burj Al Arab, mit einem breiten Sport- und Freizeitangebot sowie über 20 Restaurants, Cafés und Bars.

Tipp für Fotografen: Zu beiden Seiten des Burj Al Arab gibt es kleinere Strände und besonders von Süden ist die Perspektive beeindruckend, vor allem abends, wenn der Burj in **allen Farben beleuchtet** wird.

❯ Burj Al Arab und Jumeirah Beach Hotel, Al-Sufouh, Jumeirah Rd, Tel. 3017777, www.jumeirah.com

🔴18 Souq Madinat Jumeirah ★★★ [dl]

Dieser Souq mit seinen engen, gedeckten Gassen ist Teil des riesigen von Wasserkanälen und Grünanlagen durchzogenen Hotelresorts Madinat Jumeirah (s. S. 123), das wegen seiner arabisch-emiratischen Bauweise für Furore sorgt.

Viele der insgesamt **75 Läden** des Souq Madinat Jumeirah verkaufen schicke und hochpreisige Souvenirs, Antiquitäten, Handwerksartikel, Bekleidung, Accessoires, Schmuck, Wohnungsdekoration und Feinkostartikel. Wer diesen Souq besucht, sollte Zeit haben, um sich in einem der über 20 gemütlichen **Cafés** oder interessanten **Restaurants** niederzulassen, viele herrlich im Garten oder an den Kanälen gelegen und mit Aussicht auf unzählige Windtürme, vorbeigleitende Abras und den alles überragenden Burj Al Arab 🔴17 im Hintergrund (weitere Gastronomieangebote in den Hotels der Madinat Jumeirah Resortanlage). Die vielen verwinkelten **Terrassen,** insbesondere die Dachterrassen, gehören zu den schönsten der Stadt und auch Bars und Nachtklubs, ein Amphitheater und ein Theater gibt es im Souq-Gebiet. Die hohe, von Holzsäulen getragene Konstruktion des Souq (mit Klimaanlage) und das farbenfrohe Warensortiment vermitteln ein herrliches orientalisches Flair.

❯ Al-Sufouh, Al-Sufouh Road, Tel. 3668888, www.jumerah.com, geöffnet: 10–22 Uhr

Palm Jumeirah

Am Ufer von Jumeirah „wurzelt" die berühmte Palm Jumeirah. Sie ist die erste künstlich erschaffene Insel Dubais und die kleinste von – geplanten – drei Kunstinseln mit Palmengrundriss.

EXTRAINFO

**Dimensionen von
Palm Jumeirah**
Länge Wellenbrecherring: 11 km
Durchmesser Palme: 6 km
Palmwedel: 17
Uferlinie: 78 km

Bis zu ihrer Vollendung im Jahr 2008 wurden für Palm Jumeirah **94 Mio. Kubikmeter Sand** und **7 Mio. Tonnen Gestein** aufgeschüttet und verdichtet. Würde man dieses Material zu einer zwei Meter hohen und einen halben Meter dicken Mauer aufschichten, dann würde diese dreimal um die Erde reichen.

8000 Menschen haben auf Palm Jumeirah ihren Erst- bis Drittwohnsitz gefunden. Auf dem 3 km langen und 450 m breiten Palmstrunk erhebt sich eine **Freizeitstadt** aus Apart-

EXTRATIPP

**Palm Jumeirah mit
öffentlichen Verkehrsmitteln**
Über den Stamm der Palmeninsel fährt die **Einschienenbahn The Palm Monorail** von der Gateway Station (Festland-Inselaufgang) zur Atlantis Aquaventure Station (15 Dh, 8–22 Uhr, im 23-Min.-Takt).
●**152** [cl] **Gateway Monorail Station**

Zur Station kommt man derzeit noch umständlich per Bus oder per Taxi, ab 2014 soll The Palm Monorail über die **Al-Sufouh Tram** (s. S. 80) an die Metro Red Line angebunden werden.

Man kann auch per RTA-Wassertaxi zur Pameninsel fahren z. B. ab Deira Old Souq, 310 Dh pro Boot, Infos s. S. 129.

menthochhäusern, Sportstätten und Einkaufseinrichtungen. Auf den Palmwedeln stehen private **Strandvillen,** Schranken verwehren den Zugang für Nichtbesitzer.

Alle Palmeninseln haben sie umgebende Wellenbrecher-Halbkreise, die sie vor der Gewalt des Meeres schützen. Bis 2015 sollen an dieser vordersten Meeresfront 30 Luxushotels ihre Pforten öffnen. Die opulenteste und raffinierteste Resortanlage ist das Atlantis The Palm (s. S. 122).

Palm Jumeirah wartet derzeit mit den drei **Freizeitstätten der Extraklasse** Aquaventure ⓳, Lost Chambers ⓴ und Dolphin Bay ㉑ auf (alle gehören zum Atlantis-Hotelresort und stehen Nicht-Hotelgästen offen).

› Infos: www.nakheel.com,
www.palmjumeirah.ae

⓳ **Aquaventure** ★★ [ck]

Aquaventure ist der größte **Wasservergnügungspark** der Region. Sein 2,3 km langer, verschlungener Wasserweg führt Waghalsige nicht nur über Rutschen, durch Stromschnellen und Wellenbecken, sondern auch unter (!) Haie. Beispielsweise saust man von der nahezu senkrechten Riesenrutsche Leap of Faith (27,5 m hoch, 60 m lang) von der Spitze einer mesopotamischen Tempelpyramide in fast freiem Fall in einem durchsichtigen Acryltunnel hinab unter eine Haifischlagune. Im altmesopotamisch designten Park sind alle Wasserwege miteinander verbunden, auch der Strand ist mit einbezogen und alles ist in eine Tropenlandschaft eingebettet.

› Palm Jumeirah, The Crescent, Tel. 2610000, www.atlantisthepalm. com, Eintritt: Erwachsene 200 Dh, Kinder 165 Dh, geöffnet: 10 Uhr bis Sonnenuntergang

⓴ Lost Chambers ★★ [ck]

In den Lost Chambers, den „versunkenen Kammern", kann man eine angebliche **Ausgrabungsstätte des legendären Atlantis** erkunden. In einem Labyrinth führt der Weg durch gläserne Unterwasserbecken und -tunnel, vorbei an allerlei bunten Fischschwärmen, versunkenen Ruinen, vergessenen Artefakten und verschollenen Manuskripten. Teufelsrochen schweben an Hieroglyphen vorbei, Muränen gucken hinter Schatztruhen hervor, Feuerquallen belagern Schatztruhen. Auch 20 **Aquarien** sind integriert. Mehr als 160 Spezialisten widmen sich der Erforschung und dem Erhalt dieses maritimen Ökosystems.

Tipp: Im Untergeschoss des East Tower kann man – ohne Eintritt zu zahlen – durch Besucherfenster blicken.

❯ Palm Jumeirah, The Crescent, Tel. 2610000, www.atlantisthepalm.com, geöffnet: 10–23 Uhr, Eintritt: Erwachsene 100 Dh, Kinder 70 Dh

㉑ Dolphin Bay ★★ [ck]

In der von einem Tropengarten umgebenen Meereslagune Dolphin Bay bietet sich die seltene Gelegenheit, **mit einem Delfin zu schwimmen.** Diese Begegnung unterliegt strengen Regeln und findet unter Anleitung statt, wobei die Bedürfnisse der Tiere an erster Stelle stehen. Trainer informieren ausführlich über die Lebensweise dieser Meeressäuger, die Einnahmen kommen Meeresschutzzwecken zugute. Zudem unterhält die Dolphin Bay eine Meeressäugerklinik sowie ein Rettungs- und Pflegezentrum für gestrandete Tiere. Mit alldem übertrifft Dolphin Bay alle international gültigen Bestimmungen bezüg-

050du Abb.: at

lich Haltung, Training und Aufzucht der großen Tümmler.

> Palm Jumeirah, The Crescent, Tel. 4261030, www.atlantisthepalm.com, Voranmeldung erbeten, geöffnet: 10 Uhr bis Sonnenuntergang, Eintritt: Schwimmen mit Delfinen für Erwachsene und Kinder 890 Dh, Beobachtungspass: Erwachsene 265 Dh, Kinder 300 Dh, jeweils inkl. Zugang zum Aquaventure **⑲** und zum Privatstrand

㉒ Dubai Marina ★ [bl]

An den Stadtteil Jumeirah schließen sich – unübersehbar – die rund 200 Hochhäuser des Stadtteils Dubai Marina an. Ob dieses in Immobilienausschreibungen als „luxuriös" und „schick" beschriebene Stück Dubai nicht eher die Faszination des Grauens birgt, muss jeder selbst entscheiden, denn **Luxushotels und Apartments** sind vertikal geschachtelt und stehen dicht an dicht.

Dubai Marina liegt auf einer lang gezogenen Insel zwischen Strand und künstlichem **Meereskanal**. Gesäumt ist der knapp 4 km lange, schlangengeschwungene Kanal von Flanierufern und einem riesigen Jachthafen. Das Einkaufszentrum **Marina Mall** (s. S. 24) bietet vorrangig Modeboutiquen. Highlights hochpreisiger Weltklassekochkunst bieten die Restaurants des siebengeschossigen **Gourmet Tower** beim Jachthafen.

Die Dubai Marina versteht sich als herrliches Einkaufs-, Gastronomie-

◀ In den Lost Chambers kann man das legendäre Atlantis entdecken

EXTRATIPP

Dubai Marina mit öffentlichen Verkehrsmitteln
Die direkte Anfahrt erfolgt einfach per **Metro Red Line** bis zu den Stationen Dubai Marina oder Jumeirah Lakes Towers.

und Flanierareal. Östlich des Meereskanals liegt auf dem Festland der **Marina Walk** – er soll in Zukunft rund um den Kanal verlaufen. Und am Golfufer entlang zieht sich der **Jumeirah Beach Residence Walk**. An beiden Walks wechseln sich Restaurants, Geschäfte und Cafés ab – am Golfufer bieten Strandresorts luxuriöse Unterkünfte an, es gibt aber auch öffentliche Strandstücke.

Der Dubai Marina vorgelagert lädt der **Strand Jumeirah Beach Residence** zum Sonnenbaden ein.

Eine besondere Besichtigungsmöglichkeit bietet sich mit der **Dubai Ferry**: Sie schippert klimagekühlt durch den Marinakanal und durch die Küstengewässer entlang des Strandes zu Palm Jumeirah bis vor das Atlantis Hotel (s. S. 122) und zurück.

> Die Water Transport Station Marina Mall, am Meereskanal bei der Marina Mall, ist Start- und Endpunkt. Fahrtdauer 1 h, Preis pro Person ab 50 Dh, Abfahrten um 11, 17, 19, 21 Uhr, Tickets an Bord, weitere Infos über RTA, Tel. 8009090, www.rta.ae

㉓ The World ★ [ek]

Neben Palmen plant Dubai die Erschaffung von Kunstinseln auch in globalen und vielleicht auch in galaktischen Formen. Je nachdem, wie der wirtschaftliche Abwärtstrend seinen Tribut fordert ...

The World besteht aus 300 künstlichen Inseln, die sich ihrem Namen entsprechend zu einer Weltkarte formieren. 9 x 7 km misst dieser aus über 350 Millionen Kubikmeter Sand plus 34 Millionen Tonnen Gestein geschaffene Insel-Atlas. Das Ganze ist als **Welt der Superreichen** konzipiert. Das Besondere ist, dass jeder Landbesitzer sein Areal so gestalten kann, wie er es möchte: als Privatrefugium, Hotel- oder Restaurantinsel. Wichtige Knotenpunkte sollen mit **Gemeinschaftseinrichtungen** wie Einkaufszentren, Restaurants, Parks, Freizeiteinrichtungen und Fähranlegestellen bebaut werden. Die Landgewinnung ist seit 2008 abgeschlossen, doch es kursieren Gerüchte, dass dieses Projekt wegen Finanzproblemen – im doppelten Wortsinn – versanden könnte.

Doch die Welt ist für Dubai nicht genug: Zwischen The World und Palm Jumeirah träumen die Projektentwickler davon Sonne, den Mond und diverse Planeten vom Himmel hinunter holen. **The Universe** heißt das als Masterplan vorliegende Projekt. Als Novum soll es auf diesem Insel-Planetensystem energieeffizient, umweltschonend und **ökologisch nachhaltig** zugehen.

❯ Infos: www.nakheel.com

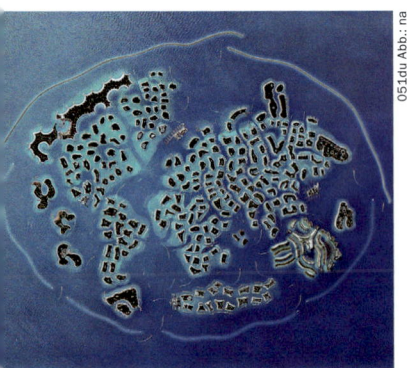

㉔ Palm Jebel Ali und Dubai Waterfront ★

Auch weitab des Innenstadtbereichs, an der Grenze zum Emirat Abu Dhabi, wird eifrig neues Land gewonnen: Laut Ursprungsplan sollen 2020 rund 1,8 Millionen Menschen in diesem Areal leben. Die Ferne zur Innenstadt wird aufgewogen durch die Nähe zu Dubais neuen Wirtschaftszentren wie der Jebel-Ali-Freihandelszone und dem Transport- und Logistikzentrum Dubai World Central samt dem in Zukunft größten internationalen Flughafen der Welt, Al-Maktoum (s. S. 95).

Palm Jebel Ali ist die zweitälteste der Dubaier Palmeninseln-Trilogie und auch hier stehen Wohn- und Freizeitbedürfnisse im Vordergrund. Knapp 300.000 Menschen können auf diese Palme ziehen, die Projektentwickler versprechen ihnen eine Stadt in der Stadt mit sämtlichen Einrichtungen des Alltagslebens.

Die Jebel-Ali-Palme setzt sich wie die anderen aus verschiedenen Inseln zusammen: einem Stamm mit 16 Palmwedel und einem vierteiligen Wellenbrecherring. Doch diese Palme hat zusätzlich einen mittleren Ring, der aus 504 auf Stelzen erbauten Häusern im Wasser besteht. Diese **Pfahlbauten** sollen deutlich erschwinglicher sein als andere Immobilien auf der Palmeninsel. Von oben betrachtet formieren sie sich zu einem von Shaikh Mohammed kreierten arabischen Vers, auf Deutsch übersetzt lautet er: „Lernt von der Weisheit der klugen Menschen, nicht jeder, der reitet, ist ein Jockey. Es bedarf eines Visionärs,

051du Abb.: na

◀ *300 Kunstinseln formieren sich vor Dubais Küste zur Weltkarte*

um auf Wasser zu schreiben, angesehene Männer wachsen durch große Herausforderungen."

Das gigantisch-geplante Küstenbauprojekt **Dubai Waterfront** soll Palm Jebel Ali sichelförmig halb umrunden und bei seiner Vollendung doppelt so groß sein wie Hongkong. Auch hier sollen wieder eine Vielzahl an Apartments, Villen, Strandhäusern, Geschäften, Einkaufszentren, Bürotürmen, Freizeiteinrichtungen, Kulturstätten, Hotels, Handels- und Industrieflächen entstehen. Die Waterfront wird zudem von zahlreichen Kanälen und Wasserstraßen durchzogen. Luxus ist Trumpf, doch auch an bezahlbaren Wohnraum für die 60.000 Bauarbeiter wurde gedacht. Eine Sensation aber ist, dass Dubai Waterfront eine **ökologische Vorzeigestadt** werden soll. Der Bauträger Nakheel verspricht ein Konzept, das komplett ökologischen Nachhaltigkeitsprinzipien verpflichtet ist. Laut Bauplan wird die Waterfront aus verschiedenen Distrikten bestehen –

Wohnviertel, Freizeitstätten, Industriebezirke, Büro- und Geschäftsareale –, sowohl auf **Inseln,** wie auch am **Festland.** Mit der Aufschüttung von Inselland wurde bereits begonnen. Dubai Waterfront soll am Ufer in den 75 km langen **Arabischen Kanal** übergehen. Die größte **Herausforderung** dieser Projekte dürfte sein, die Auswirkungen der Finanz- und Immobilienkrise in den Griff zu bekommen.

❯ Infos im Web: www.nakheel.com, www. dubaiwaterfront.ae, www.limitless.ae

Downtown Dubai

In diesem hypermodernen und vor Superlativen strotzenden Stadtteil lohnt ein Besuch nicht nur wegen der Aussicht vom welthöchsten Wolkenkratzer oder wegen des Warenangebots der weltgrößten Mall.

▲ *Zukunftstraum für den „Megastadtteil" Waterfront*

Dubais Neustadt

„Downtown Dubai" heißt der zum Teil noch im Bau befindliche Stadtteil „unter" dem alles überragenden Wolkenkratzer Burj Khalifa ㉕. Das Teilgebiet **The Old Town** ist anders als der Name suggeriert keinesfalls alt, jedoch im Stil traditionell arabischer Formengebung mit schmalen Gassen und schattigen Bogengängen designt. Dubais neue „Altstadt" möchte dörfliche Atmosphäre versprühen und so wurden Apartment- und Bürohäuser niedrig gehalten. The Old Town Island ist ein (halb) von Wasser umspülter Bereich, in dem sich der sehenswerte **Souq Al Bahar** ㉗ befindet. Naturakzente setzen der Burj Park und ein riesiger künstlicher See, auf dem die **Dubai Fountain** allabendlich wechselnde Wasser-, Licht- und Klangspektakel der Extraklasse zeigt. Auch die **Dubai Mall** ㉖ dehnt sich hier aus. **The Business Hub** ist das Geschäftszentrum im Schatten des Burj Khalifa ㉕. Der mit Hochhäusern bestandene, sechsspurige und 3 km lange **Emaar Boulevard** legt sich um den Distrikt. Landschaftsarchitekten bezeichnen ihn als „Allee" und „Smaragdkette", Freiluftcafés und -restaurants sollen Piazza-Flair versprühen. Der Name dieses Stadtteils – samt des Superturms – bezieht sich auf **H.H. Shaikh Khalifa bin Zayed Al-Nahyan,** den Präsidenten der V.A.E. Bis 2020 sollen die Bautätigkeiten in Downtown Dubai abgeschlossen sein.
> Infos: www.emaar.com

㉕ Burj Khalifa ★★★ [fm]

Ein himmelhoch aufragendes Wahrzeichen der Stadt ist der Burj Khalifa, der „Turm Khalifas". Der asymmetrische Himmelsstürmer – sein Grundriss soll den einer Wüstenlilie widerspiegeln – ist 828 m bzw. 189 Stockwerke hoch.

EXTRATIPP

Downtown Dubai mit öffentlichen Verkehrsmitteln
Die direkte Anfahrt erfolgt am besten per **Metro Red Line,** Station Burj Khalifa/Dubai Mall.

Dieser „Präsidententurm" gleicht einer **Stadt über der Stadt** mit Apartments, Büros, Geschäften, Sport- und Freizeitstätten sowie Hotels. 12.000 Menschen können hier wohnen und arbeiten. Wer eine Unterkunft mit besonderem Design wünscht, kann im turmeigenen Armani Hotel einchecken (www.armanihotels.com).

Bautechnische Meisterleistungen: Noch nie zuvor wurden so viel Beton gen Himmel gepumpt (330.000 Kubikmeter) und so große Mengen Stahl (39.000 Tonnen) und Glas (142.000 Quadratmeter) auf so engem Raum verbaut. Auch recycelter Stahl aus dem abgebrochenen Berliner Palast der Republik fand Verwendung. Der am Turmsockel angelegte, üppig grüne Park wird durch rückgewonnenes Kühlwasserkondensat bewässert.

Bei seiner Einweihung im Januar 2010 setzte der Burj Khalifa ei-

EXTRATIPP

Atemberaubende Aussicht
Der Burj Khalifa ㉕ bietet von seiner 454 m hohen **Aussichtsterrasse im 124. Stock** die beste Aussicht auf die Stadt – hier ist man den Wolken ganz nah. Die Aufzugsfahrt dem Himmel entgegen dauert nur 1 Min., Zugang: Dubai Mall ㉖, Lower Ground Level, At the Top Besucherzentrum, Vorverkaufsticket 100 Dh, Direktticket 400 Dh, geöffnet: 10–24 Uhr, Tel. 80028843867, www.burjkhalifa.ae.

nen neuen Höhenrekord und löste das Taipei Financial Center (508 m) als **höchstes Gebäude der Welt** ab. Neueste Bautechniken ergänzen sich und sorgen für Stabilität bei extremen Sommertemperaturen und sogar Bodenbewegungen. Dieses Symbol kapitalwirtschaftlichen Aufwärtsstrebens bekundet zudem die Schaffenskraft und das Selbstbewusstsein der Herrscherfamilie Al-Maktoum, die auch in Krisenzeiten weiter dem Firmament entgegen strebt. Dass die Eröffnung des Turms in wirtschaftlich turbulente Zeiten fiel, könnte als Ironie der Geschichte gesehen werden.

❯ Downtown Dubai, Tel. 80028843867, www.burjkhalifa.ae

㉖ The Dubai Mall ★ [gm]

In Downtown Dubai wurde inmitten des auf Alt getrimmten Neubaubezirks The Old Town und in direkter Nachbarschaft zum Burj Khalifa ㉕ diese **Mall der Superlative** eröffnet. Rund **1200 Outlets** erstrecken sich über vier Etagen und auch die Warenhäuser Lafayette, Debenhams, Marks & Spencer sowie Bloomingdale's finden sich hier. Im **detailverliebt dekorierten Gold Souq** funkelt es aus über 220 Geschäften. Die **Fashion Avenue** bietet über 70 Geschäfte mit namhafter Designerware. **The Grove** versammelt Sportgeschäfte und Cafés unter einem – je nach Wetter – offenen Dach. The Dubai Mall vereint außerdem über 150 Gelegenheiten für eine Rast: **Restaurants, Cafés, Eisdielen** und ein **Food Court** decken alle Preis- und Geschmacksvorlieben ab.

Doch die Mall ist auch eine Erlebniswelt: Im **Dubai Aquarium** kann man Haien, Rochen und sonstigen bunten Fischen zusehen, wie sie ihre Runden drehen. Durch dieses Riesenaquarium führt ein knapp 50 m langer Unterwassertunnel (25 Dh Eintritt), der Blick von außen ist gratis. Im angegliederten Unterwasserzoo des **Discovery Centre** tummeln sich Pinguine, Seehunde, Otter und Wasserratten (Eintritt inkl. Aquarium 50 Dh, www.thedubaiaquarium.com).

Spaß nicht unter, sondern auf Wasser in seiner gefrorenen Form bietet die **Eislaufbahn** (www.dubaiicerink. com), auf der man Schlittschuh laufen kann. **Sega Republic** ist eine abwechslungsreiche Vergnügungshalle für Jugendliche und Junggebliebene, **KidZania** bietet sich für Kinder an und der **Reel Cinema Complex** bietet in 22 Kinos alle möglichen Filme. Von der Dubai Mall kann man auch hoch hinaus: Das **At the Top Besucherzentrum** bietet Zugang zur Aussichtsterrasse im 124. Stock des nebenan gelegenen Burj Khalifa ㉕.

▲ *The Dubai Mall bietet Einkaufs- und Erlebnisvielfalt*

KLEINE PAUSE

Einkehr zw. Souq und See
Zwischen der Dubai Mall 26 und dem Souq Al Bahar 27 bieten zahlreiche Cafés sowie Restaurants und auch Bars **ruhige Plätze am Seeufer** mit toller Aussicht auf den Burj Khalifa 25 und die Wasserspiele der Dubai Fountain (s. S. 90) an.

Vor der Mall wurde der **Lake Park** angelegt, ein Park um einen künstlichen See herum, in dessen Mitte die **Dubai Fountain** für Staunen sorgt. Hier werden spätnachmittags und abends außergewöhnliche Wasser-, Licht- und Klangshows veranstaltet.

Wer in stilvoll-orientalischem Ambiente shoppen möchte, kann die Mall verlassen, den See via Fußgängerbrücke überqueren und zum **Souq Al Bahar** 27 bummeln.

> Downtown Dubai, Tel. 800382246255, www.thedubaimall.com, geöffnet: 10–22 Uhr

27 **Souq Al Bahar** ★★ [fm]

Zwischen der Dubai Mall 26 und dem angegliederten See bietet der Souq Al Bahar – der Markt des Meeres – Gelegenheit zum entspannten klimagekühlten Bummeln durch **Dubais neuen „Altstadt"-Souq.**

Auf zwei Etagen bieten in orientalisch gestylten und säulenbestandenen Gassen ca. 100 Geschäfte Markenmode, Kunst, Handwerk, Antiquitäten und Souvenirs. In vielen der **über 20 Restaurants und Cafés** kann man draußen sitzen: am Seeufer, in Innenhöfen oder im Schatten des Burj Khalifa 25. Viele Lokale haben innovative und interessante Speisekarten und auch Bars gibt es im Souq Al Bahar.

> Downtown Dubai, The Old Town Island, geöffnet: 10–22 Uhr

Shaikh Zayed Road

Ein paar Blocks jenseits der Küste führt die autobahnähnliche Shaikh Zayed Rd an Jebel Ali vorbei nach Abu Dhabi. Dieser Streifen Dubais kann – im wahrsten Sinne des Wortes – als „aufstrebend" charakterisiert werden. Entlang dieser meist übervollen Schnellstraße reihen sich Dutzende glasverspiegelte Apartment-, Hotel- und Bürohochhäuser aneinander. Einkaufszentren übertreffen sich in ihren riesenhaften Dimensionen und spartenspezifische Freihandelszonen wie Internet City, Media City, Knowledge Village, Investment Park, International Financial City oder Business Bay wollen Investoren anlocken.

Die gesamte Shaikh Zayed Rd, die ihren Namen zu Ehren des als Vaterfigur verehrten, 2004 verstorbenen Staatsgründers der V.A.E., **Shaikh Zayed bin Sultan Al-Nahyan**, trägt, wird vom Burj Khalifa 25 überragt, dem höchsten Wolkenkratzer der Welt. Zu seinen Füßen duckt sich als neuer Stadtteil **Downtown Dubai.** Seen und Parkanlagen sorgen für natürliche Ruhezonen inmitten des urbanen Overkill.

Am Ende der Shaikh Zayed Rd liegen die Freihandelszone **Jebel Ali** und ein Industriegebiet. Hier entsteht derzeit der gigantische Stadtteil Dubai World Central mit dem weltgrößten Flughafen Al-Maktoum (s. S. 95). Von der Shaikh Zayed Rd noch ein Stück

EXTRATIPP

Shaikh Zayed Road mit öffentlichen Verkehrsmitteln
Entlang der Shaikh Zayed Rd kann man gut mit der Metro Red Line fahren (s. S. 12).

weiter ins Landesinnere dehnen sich diverse neue und vornehme **Wohngebiete** aus, etliche sind noch im Bau.

28 Mall of the Emirates ★ **[dm]**
Über **400 Einzelhandelsgeschäfte** bieten alle erdenklichen Waren vom Gemälde bis zur Gabel, von der Armbanduhr bis zur Zahnpasta, von Haute Couture bis zum Jogginganzug. Sowohl internationale als auch nationale Markennamen finden sich in den rund 200 Modeboutiquen, zudem gibt es 65 **Restaurants, Imbisse und Cafés.**

Auch ein „**Arabian Souq**" genannter Bereich mit Antiquitäten, Handarbeiten, Andenken und Teppichen aus arabischen Ländern wurde gestaltet.

Kurios, aber typisch für das Wüstenemirat wirkt das angegliederte **Indoor-Skiresort Ski Dubai.** Am Westende der Mall kann man dem eisigen Treiben durch eine Glaswand zusehen. Zum Gesamtkomplex gehören auch das **Dubai Community Theatre and Arts Centre** (s. S. 47), das **Cinestar-Multiplexkino**, das riesi-

ge **Vergnügungszentrum Magic Planet**, ein Carrefour Hypermarket und Hotels.

> Al-Barsha, Shaikh Zayed Rd, Exit 39, Tel. 4099000, www.malloftheemirates.com, geöffnet: 10–22 Uhr, Metro Red Line: Mall of the Emirates

29 Ibn Battuta Mall ★★ **[al]**
In dieser Mall kann Shopping zur Nebensache werden, denn wer sie betritt, begibt sich auf eine **Reise durch Raum und Zeit.** Die riesige Mall besticht durch ihr detailliert-farbenfrohes Dekor und ist dem berühmten arabischen Weltreisenden Ibn Battuta gewidmet, der im 14. Jahrhundert über 30 Jahre lang viele Länder bereiste. Sie ist in sechs Entdeckerwelten (engl. *courts*) unterteilt, die alle im entsprechenden Landesstil ausgestaltet sind: Andalusien, Tunesien, Ägypten, Persien, Indien und China. Beeindruckende **Ausstellungsstücke** vermitteln Informationen zu Ibn Battuta und seinen Reisen und geben Einblicke in die Errungenschaften vergangener Zeiten, etwa aus der Seefahrt oder der Astrologie.

275 Geschäfte verteilen sich auf sechs Zonen. Wer Hunger hat, ist im **Restaurant-** oder im **Food Court** gut aufgehoben. Wer gerne draußen sitzt, kann dies in den Restaurants des Chinese Garden tun oder eines der 16 Restaurants des Tunesian Court wählen. Als Supermarkt ist Géant angegliedert und für Unterhaltung nach dem Shoppen steht das hauseigene IMAX-Kino bereit. Mit einem **Mall-Shuttle** können Fußmüde für 5 Dh die 1,3 km vom einen Ende zum anderen fahrend zurücklegen.

> Jebel Ali, Shaikh Zayed Rd, Exit 2 oder 25, Tel. 3621900, www.ibnbattutamall. com, geöffnet: 10–22 Uhr, Metro Red Line: Ibn Battuta

EXTRATIPP

Der größte Kühlschrank der Welt
Zur Mall oft the Emirates **28** gehört die Skihalle **Ski Dubai.** Hier spüren viele Bewohner der Golfregion zum ersten Mal in ihrem Leben **Minusgrade.** Ski Dubai beherbergt eine komplette **Winterlandschaft** mit fünf verschneiten Skipisten, 90-Meter-Quarter-Pipe, Freestyle Zone und Snowboard Stunt Park. Alle, die nicht die Hänge runtersausen möchten, treffen sich im Snowpark mit Eishöhle und Rodelhügel. Logischerweise gibt es auch Skilifte und Lokalitäten zum Après-Ski (alkoholfrei!).
> Al-Barsha, Shaikh Zayed Rd, an der Mall of the Emirates, Tel. 8005347873, www. skidxb.com, geöffnet: 10–22 Uhr, Eintritt: Tagespässe Erw. 300 Dh, Kinder 275 Dh

Inland

Dubai ist stetig weiter Richtung Landesinnere gewachsen. Entlang der Emirates Road (E311) war noch zu Beginn dieses Millenniums nichts außer Hitze und Wüstenstaub und noch liegt sie jenseits der dichten Bebauung, aber es sind zahlreiche Neubauprojekte in Planung bzw. im Bau, so auch weite Teile von Dubailand **30**, *dem weltgrößten Freizeitpark in spe. Zu Dubai gehört natürlich auch Sandwüste! Mindestens einen Abend sollte man der Stadt den Rücken kehren und ein Stück weit in dieses Dünenmeer eintauchen.*

30 Dubailand ★ [ep]

Dubais Streben nach Superlativen entsprechend entsteht bis 2020 ein **riesiger Freizeitpark**. 45 Megaprojekte und 200 Einzelattraktionen rund um Freizeitspaß, Kultur, Wellness, Wissenschaft, Lifestyle, Übernachtung, Shopping und Sport will Dubailand erschaffen. Zum Park soll auch die weltgrößte Mall gehören, doch als Folge der Finanzkrise sind etliche Projekte von **Bauverzögerungen, Umplanungen** oder Baustopp betroffen. Die Attraktionen sollen nach und nach in den nächsten Jahren eröffnen. Bereits in Betrieb (wenn auch teilweise noch nicht komplett fertiggestellt) sind z. B. das **Global Village**, ein Kirmespark mit Ausstellungen und Darbietungen aus aller Welt (nur in den kühleren Wintermonaten geöffnet), die **Dubai Outlet City**, ein Einkaufszentrum, das ausschließlich Outlet-Ware anbietet sowie die **Dubai Sports City** mit Stadien, Sportstätten und Sportschulen (s. S. 112), die **Dubai Motor City** inklusive Formel-1-Rennbahn (Dubai Autodrome) und F1-X-Vergnügungspark. In Zukunft sollen Einzelattraktionen der **Falcon City of Wonders**, ein in Falkenform angelegtes Areal im Zeichen der Weltwunder und sonstiger Großbauten (www.falconcity.com) sowie der **City of Arabia**, eine „Stadt in der Stadt" mit Restless Planet Dinosaurier-Themenpark, Hochhaus-Wohnsiedlung, Einkaufsmöglichkeiten, Parks und Wasserkanal (www.cityofarabiame.com) eröffnet werden.

> ❯ Dubailand, Emirates Rd, Anfahrt: per Taxi od. Mietwagen, Infos: www.dubailand.ae

Arabischer Wüstenabend

Nahezu alle in Dubai ansässigen Tourveranstalter haben Wüstensafaris bzw. abendliche **Wüstenausflüge** im Programm, die in ein in den Sanddünen gelegenes sogenanntes Beduinencamp führen (ca. 140–250 Dh). Gäste können sich hier bei Musik und Tanz, Speis und Trank auf einem Lager aus Teppichen und Kissen entspannen und den Sternenhimmel betrachten. Meist werden **Grillgerichte** zubereitet, **Bauchtanzshows, Hennamalerei und Kamelritte** sind weitere Arrangements der Ausflüge.

> ❯ **Tipp:** Bei der telefonischen Buchung mit dem Tourveranstalter (s. S. 116) den Transfer vom/zum Hotel vereinbaren.

Sanddünenski – das völlig andere Vernügen

Sanddünenski *(dune-skiing)* ist einfach, schnell zu erlernen und macht **riesigen Spaß**. Man kann hohe Sanddünen entweder auf zwei Skiern mit Stöcken oder ähnlich wie beim Snowboard auf einem Brett hinabsausen. Die meisten einheimischen Tourveranstalter übernehmen die Organisation und verleihen Ausrüstung. Zum Teil wird Sanddünenski auch im **Rahmen eines arabischen Wüstenabends** angeboten – nachfragen!

Praktische Reisetipps

ückreise

Flugverbindungen

Es gibt über 100 **Fluggesellschaften**, die nach Dubai fliegen, sodass man aus einem breiten Angebot an Terminen, Preisen, Serviceleistungen, Anschlussflügen oder Zwischenstopps wählen kann. Die reine **Flugzeit** ab Frankfurt beträgt knapp sieben Stunden. **Nonstop-Verbindungen** bieten die folgenden Fluggesellschaften:

> **airberlin**, www.airberlin.de, nonstop von Berlin
> **Austrian Airlines**, www.austrian.com, nonstop von Wien
> **Condor**, www.condor.com, nonstop ab Frankfurt
> **Emirates**, www.emirates.de, nonstop von Düsseldorf, Frankfurt, München, Hamburg, Zürich, Genf, Wien
> **Lufthansa**, www.lufthansa.com, nonstop von Frankfurt und München
> **Swiss International Airline**, www.swiss. com, nonstop von Zürich

Außerdem gibt es unzählige Verbindungen mit mindestens einem **Zwischenstopp**, meist im **Heimatflughafen der jeweiligen Airline**, die zwar

billiger sein können als Nonstop-Flüge, bei denen man aber auch eine längere Reisedauer einkalkulieren muss. Gulf Air und Qatar Airways bieten für diese Variante bei einem Stopp gute Verbindungen zu fairen Preisen.

> **Gulf Air**, www.gulfairco.de, von Frankfurt über Bahrain
> **Qatar Airways**, www.qatarairways.com, von Frankfurt, Berlin, München, Stuttgart, Zürich, Genf und Wien über Doha

Natürlich gibt es auch zahlreiche **Last-Minute-Angebote** für einen Flug nach Dubai. Man findet sie z. B. bei L'Tur:

> **L'Tur**, www.ltur.com, Tel. 0800 212121. Unter dem Link „Super Last Minute" gibt es Angebote für den Abflug innerhalb der nächsten 72 Stunden.

Dubais Flughäfen

Dubai International Airport

Der internationale Flughafen liegt auf der östlichen Seite des Creek, keine 5 km vom alten Stadtzentrum (Deira und Bur Dubai) entfernt im Stadtteil Garhoud. Er hat drei Terminals, die durch Shuttlebusse verbunden werden. Terminal 3 ist exklusiv für Emirates-Fluggäste. Die **Metro** verbindet die Terminals mit der Stadt: mit der Red Line kommt man von Terminal 1 und 3 ins Stadtzentrum oder weiter bis Jebel Ali. Vom Terminal 2 gelangt man mit der Grünen Linie ins Stadtzentrum. Zwischen dem Terminal 1 und der Gold Souq Bus Station

---

EXTRATIPP

Dubais Billigfluglinie
Wer sich in Dubai ein Flugticket kaufen möchte, beispielsweise um sich ein paar Tage in der Region des Nahen oder Mittleren Ostens oder auf dem indischen Subkontinent umzusehen, findet günstige Verbindungen bei dem Dubais *Low-Cost Carrier* **flydubai** (www.flydubai.com).

Flug-Preisvergleiche
> www.billigflieger.de
> www.travel-iq.com

◀ *Vorseite: Ein Abend im Wüstencamp (s. S. 116)*

in Deira sowie der Al-Ghubaiba Bus Station in Bur Dubai bestehen tagsüber zahlreiche **Busverbindungen** und es gibt jeweils eine Nachtbuslinie. Von diesen Busstationen kann man dann in Stadtteile jenseits des Zentrums fahren. Zwischen dem Terminal 2 und der Al-Sabkha Bus Station fahren tagsüber ebenfalls Busse (wenn auch weniger). **Taxis** vom Flughafen in die Stadt kosten eine erhöhte Grundgebühr von 20 Dh und jeder angefangene Kilometer ist doppelt so teuer wie sonst (s. S. 128).

> www.dubaiairport.com

EXTRATIPP

Dubai Duty Free

Der rund um die Uhr geöffnete zollfreie Flughafenmarkt des Dubai International Airport zählt mit seiner Verkaufsfläche von 17.500 m² zu den größten der Welt. Wegen seiner Warenvielfalt und dem guten Service ist der Duty Free von Dubai mehrfach zum weltweit besten zollfreien Shop gewählt worden. Regelmäßig finden attraktive Verlosungen statt.

Al-Maktoum International Airport

Dubai baut einen zweiten internationalen Flughafen, der zehnmal so groß wie Dubai International Airport und der **weltgrößte Passagier- und Frachtflughafen** werden soll. Al-Maktoum International wird alle modernen Flugzeugtypen, auch das Großflugzeug A380, abfertigen. Erste Einrichtungen sind in Betrieb, in Zukunft soll der Flughafen an die Metro angebunden sein. Al-Maktoum International liegt weitab des alten Stadtzentrums näher am neuen Dubai, im Stadtteil Jebel Ali.

> Informationen unter www.dwc.ae

Ausrüstung und Kleidung

Wie überall auf der Welt gilt: „**Kleider machen Leute**". Man kann gern legere Reisekleidung tragen, aber man sollte bitte nicht im Strandoutfit zum Stadtbummel starten. Allzu freizügige

▲ *Der Dubai International Airport*

Kleidung bleibt am besten gleich zu Hause – oder sollte nur beim Barbesuch angezogen werden. **Shorts bei Männern** – oberhalb der Knie endend – wirken in den Augen vieler Araber lächerlich, da sie hier höchstens als Unterhose getragen werden. Für **Frauen** empfiehlt es sich, **blickdicht, bauchnabelbedeckt und nicht zu tief dekolletiert** durch die Stadt zu spazieren. Damit zeigt frau Anstand und erntet deutlich mehr Respekt.

Für das Dubaier Klima empfehlen sich generell **leichte Naturfasern** wie Baumwolle, Leinen, Hanf oder Seide bzw. **Viskose** oder **Mikrofasern**. Da viele Räume **klimatisiert** sind und es in den Wintermonaten auch am Abend kühler werden kann, sollte man auch an eine **leichte Jacke,** einen Pullover oder ein Umhängetuch denken.

▲ *Eine verschleierte Emiraterin am Strand*

Autofahren

Verkehrssituation

Dubai ist eigentlich bestens auf den Autoverkehr eingestellt. Breite Straßen, begrünte Stadtautobahnen, moderne Brücken und Unterführungen prägen das Bild. Das Verkehrsaufkommen ist jedoch hoch, **Staus** sind der Alltag, in manchen Stadtteilen ist die Parkplatzsuche eine *mission impossible* und entsprechend entnervt und gereizt sind viele Fahrer.

In allen Emiraten gilt **Rechtsverkehr**, es besteht **Anschnallpflicht** und man sollte sich genauestens an **Geschwindigkeitsbegrenzungen** halten, denn Radarkontrollen sind häufig und die Strafen für zu schnelles Fahren saftig.

Autofahren in Dubai erscheint Neulingen meist **chaotisch.** Zum einen wegen der nicht ausbleibenden Orientierungsschwierigkeiten, zum anderen wegen der brisanten Kombination zwischen teilweise waghalsig-offensiver und andererseits verschlafen-schicksalsergebener Fahrweise der einen umgebenden Verkehrsteilnehmer. Die V.A.E. sind weltweit eines der Länder mit der höchsten Todesrate bei Verkehrsunfällen. Dubais Shaikh Zayed Rd liegt in dieser traurigen Statistik weit vorne. **Umsichtig und defensiv fahren** und immer Fehler anderer einzukalkulieren, ist mehr als nur ein kluger Ratschlag.

Gewöhnungsbedürftig sind auch die vielen **Kreisverkehre** in Dubai (engl. *roundabout*, Abk.: R/A). Eine wichtige Praxisregel lautet, dass Wagen im Kreisverkehr immer (!) Vorfahrt haben, auch wenn sie auf der innersten Spur sind. Man muss vor jeder Ausfahrt damit rechnen, dass Autos von der innersten Spur ausscheren und den Kreisel verlassen. Leider ist es oft so, dass Wagen der äußersten Spur den Kreisverkehr nicht verlassen, sondern geradeaus weiterfahren – alle Manöver übrigens durchaus ohne Blinker.

Im Punkto **Alkohol** am Steuer gilt in Dubaie eine Null-Toleranz-Politik! Wer getrunken hat, sollte sich auf keinen Fall ans Steuer setzen, denn wer auch nur eine Spur von Alkohol im Blut hat (Vorsicht bei Restalkohol vom Tag zuvor!) und in einen Unfall verwickelt wird – und sei es nur ein harmloser Blechschaden, egal ob schuldig oder nicht – für den sieht es schlecht aus, und ein paar Nächte auf der Polizeistation könnten durchaus die Folge sein.

Bei einem Unfall ist auf jeden Fall die **Polizei** zu holen, denn ohne ein von ihr erstelltes Protokoll darf keine Werkstatt ein Unfallauto reparieren und auch die Versicherungen zahlen nichts. Auch wer dem Auto einen nennenswerten Blechschaden zufügt, ohne dass ein anderes Fahrzeug verwickelt ist, muss diesen Weg gehen.

> **Verkehrspolizei** (engl. *traffic police*), Tel. 8004353 oder 2694444

> **Preise** rund ums Autofahren: Ein Liter Benzin kostet 1,72 Dh, Parkgebühr 1 Stunde 1–2 Dh.

Mietwagen

Zahlreiche bekannte internationale **Verleihfirmen** sind in Dubai vertreten und haben einen Serviceschalter am Dubai International Airport (und in Zukunft sicherlich auch am neuen Al-Maktoum International Airport). Um in Dubai ein Leihauto fahren zu dürfen, benötigt man einen **internationalen Führerschein**. Je nach Wagenklasse muss man mindestens 21 Jahre alt sein und wer einen Allradwagen steuern möchte, muss sogar mindestens 25 Jahre alt sein. Vor Fahrtantritt wird eine **Kaution** (Höhe je nach Wagentyp) hinterlegt, meist wird das per (vorläufiger) Kreditkartenabbuchung erledigt.

Alle Wagen haben einen **elektronischen Geschwindigkeitswarner**, der ab Tempo 120 anfängt, durch mehr oder weniger lautes Piepen auf sich und die überhöhte Geschwindigkeit aufmerksam zu machen. Man sollte auch daran denken, dass in Dubai für die Nutzung etlicher Straßenstücke die Zahlung einer **Maut** fällig wird, und klären, ob diese zusätzlich zum Mietpreis zu entrichten ist (bei den meisten Firmen) oder inklusive ist. Salik heißt das elektronische System, dass bei jeder Durchfahrt eines Mauttores (engl. *toll gate*) 4 Dh vom vorbezahlten Guthaben abbucht. Die Mautplakette sollte in der Windschutzscheibe aufgeklebt sein (Salik, Tel. 80072545, www.salik.ae).

Internationale Autoverleihfirmen

> **Avis**, Tel. 01805 217702, www.avis.de
> **Sixt**, Tel. 01805 252525, www.sixt.de
> **Thrifty**, Tel. 0700 8377827, www.thrifty.de

Mietwagenbroker

> **Holidayautos,** Tel. 01805 179191, www.holidayautos.de
> **Alamo,** Tel. 01805 462526, www.alamo.de
> Zudem tätigen diverse **Reiseveranstalter und -büros** Mietwagenbuchungen.

Barrierefreies Reisen

Zahlreiche **technische Einrichtungen** erleichtern Menschen mit Behinderung den Reisealltag, immer mehr Hotels und öffentliche Gebäude werden baulich **behindertengerecht** ausgestattet. Dubais Flughäfen sind auf Körperbehinderte eingestellt, Gleiches gilt für große Museen, Einkaufszentren, Parks und Kinos. Auch **persönliche Betreuung** wird offeriert, so an Flughäfen, in Hotels, Einkaufszentren und Krankenhäusern. Dubais **Metro** rühmt sich, rundum behindertengerecht zu sein und die Dubai Roads and Traffic Authority (s. S. 126) bietet spezielle Metro- und Taxiserviceleistungen.

Das staatliche **Dubai Department of Tourism and Commerce Marketing** ist sehr um Menschen mit Behinderung bemüht. **Infos** enthält die speziell für Rollstuhlfahrer konzipierte Broschüre „Simply Accessible" (Bezugsadresse s. S. 103). Vor Reiseantritt sollte man sich über die **Ausstattung seines Hotels** informieren – über den Reiseveranstalter oder direkt beim Hotel.

Diplomatische Vertretungen

Konsulate in Dubai

> ●**105** [C7] **Consulate General of the Federal Republic of Germany,** Bur Dubai, Khalid bin al-Waleed Rd, im 1. Stock der Dubai Islamic Bank, Tel. 3972333, www.dubai.diplo.de
> ●**106** [gI] **Consulate General of Switzerland,** Satwa, im World Trade Centre Tower, 22. Etage, Tel. 3290999, www.eda.admin.ch

Botschaften in Abu Dhabi

> **Embassy of the Federal Republic of Germany,** Abu Dhabi Mall Towers, Tel. 02 6446693, www.abu-dhabi.diplo.de
> **Embassy of the Republic of Austria,** Reem Island Sky Tower, Tel. 02 6944999, www.aussenministerium.at/abudhabi
> **Embassy of Switzerland,** Hamdan St, Dhabi Tower, Tel. 02 6274636, www.eda.admin.ch

Ein- und Ausreisebestimmungen

Visum

Deutsche, Österreicher und Schweizer benötigen ein **Visum der Vereinigten Arabischen Emirate,** das nicht nur die Einreise nach Dubai, sondern auch in alle anderen Emirate gestattet. Das Besuchsvisum wird für die drei oben genannten Nationalitäten **am Dubaier Flughafen umsonst** in den **Reisepass** (muss nach Ausreise noch 6 Monate gültig sein) gestempelt. Der Einreisestempel weist auf die Aufenthaltsdauer von höchstens 30 Tagen hin.

Zoll

Dubai erlaubt die zollfreie Einfuhr von 400 Zigaretten oder 100 Zigarren bzw. 50 Zigarren oder 500 Gramm Rauchtabak. Nichtmuslimische Erwachsene dürfen vier Liter alkoho-

057du Abb.: dtcm

Weitere Zoll-Infos

> Dubai: www.dxbcustoms.gov.ae
> Deutschland: www.zoll.de
> Österreich: www.bmf.gv.at
> Schweiz: www.ezv.admin.ch

lische Getränke oder 48 Dosen Bier (je maximal 355 ml) einführen. Jegliche Formen von narkotischen Drogen sind verboten. DVDs, CD-Roms, Videokassetten und Zeitschriften werden evtl. geprüft: Zeigen sie allzu „freizügige" Abbildungen, können sie konfisziert werden. Emiratische Anti-Geldwäschegesetze limitieren die Menge an deklarationsfrei einführbarem Bargeld auf umgerechnet 40.000 Dh – egal in welcher Währung.

Vorsicht ist bei **Medikamenten** geboten, da die Einfuhr von einigen gängigen Präparaten bzw. deren Inhaltsstoffen ohne ärztliche Verschreibung verboten ist. In einigen Fällen ist die Einfuhr in der Originalverpackung gestattet, sofern eine ärztliche Bestätigung über Verwendungszweck und für die Dauer des Aufenthalts benötigte Menge beigefügt ist. Infos dazu bietet das Gesundheitsministerium unter www.moh.gov.ae.

Bei der Einreise könnten Reisende (auch Transitreisende) evtl. auf **Drogen** kontrolliert werden. Auf den Besitz auch nur geringster Mengen (weniger als 0,1 g) stehen mehrjährige

▲ *Am Flughafen in Dubai*

Haftstrafen! Selbst der einige Tage zurückliegende Konsum weicher Drogen kann festgestellt und bestraft werden.

In **EU-Länder** wie Deutschland und Österreich dürfen über 17-Jährige zoll- und umsatzsteuerfrei z. B. folgende Mengen einführen: 200 Zigaretten, 100 Zigarillos, 50 Zigarren oder 250 g Rauchtabak; 1 Liter Spirituosen über 22 Vol.-% und 2 Liter Alkoholika bis 22 Vol.-%. Andere Waren bleiben bis zu einem Wert von 430 Euro abgabenfrei. Die Einfuhr gefälschter Markenprodukte ist verboten.

In die **Schweiz** darf man pro Person 200 Zigaretten, 50 Zigarren oder 250 g Schnitttabak sowie an alkoholischen Getränken 2 Liter bis 15 Vol.-% und 1 Liter über 15 Vol.-% einführen. Andere im Urlaubsland gekaufte Waren zum Privatgebrauch sind bis zu einem Gesamtwert von 300 Schweizer Franken pro Person abgabenfrei. Auch hier dürfen Markenwaren-Imitate nicht eingeführt werden.

Elektrizität

Die Stromspannung in Dubai beträgt **220 bis 250 Volt** bei 50 Hertz. Es treten keinerlei Probleme beim Betrieb von europäischen und japanischen Elektrogeräten auf. Für den Anschluss benötigt man **englische, dreipolige Stecker.** Flache **Eurostecker** kann man in zwei der Pole einstecken, wenn man zum Einstecken mit einem Kuli die Plastiksperre beiseite schiebt.

Für **Schukostecker** braucht man einen **Adapter**. In den Hotels ist meist eine Steckdose damit ausgestattet, weitere Adapter erhält man auf Anfrage. Zudem sind sie für wenige Dirham in Dubaier Supermärkten erhältlich.

Film und Foto

Verhalten

Strikt vermieden werden sollte die Ablichtung von Herrscherpalästen, Militäranlagen, staatlichen Gebäuden (alle erkennbar an Staatswappen- bzw. Flagge), Industrieanlagen und Verkehrseinrichtungen (Flughafen). Beim **Fotografieren (und Filmen) von Menschen** ist Höflichkeit oberstes Gebot. Es sollten keine Nahaufnahmen von Arabern gemacht werden, ohne sie gefragt zu haben, insbesondere nicht von Frauen.

Ausrüstung

Fotozubehör, Ersatzbatterien, neue Akkus, digitale Speichermedien sowie Filme sind in Fotogeschäften (in großen Einkaufszentren) und Supermärkten erhältlich. Ein wichtiger Ausrüstungsgegenstand ist eine **Fototasche**, die vor Stößen, Staub und Feuchtigkeit schützt, vor allem am Strand sowie bei Gelände- und Wüstenfahrten.

Geldfragen

Währung und Wechselkurs

Die Landeswährung der Vereinigten Arabischen Emirate ist einheitlich und nennt sich **Dirham (Dh,** im Englischen

Wechselkurse

> 1 US$ = 0,77 Euro, 1 Euro = 1,29 US$
> 1 Euro = 4,75 Dirham (Dh)
> 1 Dh = 0,21 Euro
> 1 CHF = 3,91 Dh
> 1 Dh = 0,25 CHF
> Aktuelle Wechselkurse und Umrechnungstabellen unter www.oanda.com

(Stand: Januar 2012)

gebräuchliche Abkürzung. **AED** = Arab Emirates Dirham). Ein Dirham entspricht 100 Fils. Der Dirham ist frei konvertierbar, sein Wechselkurs ist an den amerikanischen Dollar gekoppelt.

Der **Wechsel von Devisen** ist in den zahlreich vorhandenen Banken oder Wechselstuben sehr einfach. **Vor der Abreise** können Dirham in Dubai unter Inkaufnahme der üblichen Kursabweichungen in Devisen **zurückgetauscht** werden.

Wechselstuben

In Dubai sind die vielen **Exchange offices** die beste Adresse zum Geldwechseln. Sie bieten die mit Abstand günstigsten Wechselkurse, die Bearbeitung geht schnell und unkompliziert und ihre Öffnungszeiten sind kundenfreundlicher als die der Banken. Wechselstuben öffnen Sa.–Do. etwa 8–13 und 16–20 Uhr. Viele finden sich in den **Souqs der Altstädte von Deira ❼ und Bur Dubai ⓫**, in Deira besonders rund um den Baniyas-Platz und in der Naif Road. In Bur Dubai finden sich diverse Zweigstellen in der Al-Fahidi St westlich des Forts ⓬. Die großen **Einkaufszentren** verfügen zumindest über ein Exchange-Büro, meist sind sie hier auch über Mittag, abends und freitags geöffnet.

- **107** [B1] **Al-Ansari Exchange**, Shindagha, im Carrefour Hypermarket, www.alansariuae.com, Tel. 3934455, geöffnet: 9–22 Uhr, weitere Filialen sind über das Stadtgebiet verteilt sowie in den Einkaufszentren The Dubai Mall, Souq Madinat Jumeirah, Lamcy Plaza, Dragon Mart, Global Village, Wafi Mall, Mall of the Emirates, Deira City Centre, Dubai Festival City Festival Centre und auch am Dubai International Airport zu finden.
- **108** [E3] **UAE Exchange Centre**, Deira, Gold Souq, www.uaeexchange.com, Tel. 2354777, geöffnet: Sa.–Do. 9–13, Fr. 17–21.30 Uhr, weitere Filialen z. B. Deira: Naif Rd, Jumeirah: Jumeirah Beach Rd, Bur Dubai: Khalid bin al-Waleed Rd, Mall of the Emirates, Dubai Mall
- **109** [al] **Thomas Cook al-Rostamani Exchange**, Ibn Battuta Mall, Tel. 3669922, www.alrostamaniexchange.com, geöffnet: 10–22 Uhr, weitere Filialen z. B. Deira: Naif Rd, Mall of the Emirates, The Dubai Mall, Dubai World Trade Centre, Karama Souq, Dubai International Airport

Banken

Bankfilialen findet man im Zentrum Deiras und Bur Dubais nahezu an jeder großen Straßenkreuzung. Regelrechte „Bankenstraßen" mit den Firmensitzen zahlreicher Großbanken

EXTRATIPP

Cash am ATM

Das Netz der **Geldautomaten** (engl. *automatic teller machines*, Abk. ATM) ist dicht, sodass man mit seiner Maestro-(EC-) oder Kreditkarte rund um die Uhr Bargeld abheben kann. In jedem Fall findet sich an jeder Bank, in jedem größeren Einkaufszentrum, an Metrostationen, an Busbahnhöfen und an großen Tankstellen (mindestens) ein Geldautomat.

Dubai pr[...]

Festnetztel[...] Dubais sin[...] Telefonapparate, die jede[...] zen kann, ansonsten nachfragen („Can I make a local call, please?").

Ohne **Eintrittsgeld** kann man die folgenden Museen/Ausstellungen besichtigen: Heritage and Diving Village ❸, House of Horse und House of Camel ❺, House of Traditional Architecture und Sheikh Obaid Bin Thani House ❹, Heritage House ❾, Ahmadiya School ❿. Mit **weniger als 5 Dh Eintritt** kann man das Dubai Museum im Al-Fahidi-Fort ⓬ sowie das Shaikh Saeed House ❷ besichtigen. Der **Wasserpark Wild Wadi** ⓰ bietet an manchen Tagen Sundowner-Rabatt und die **Lost Chambers** ⓴ Gratiseinblick in die versunkene Welt von Atlantis.

Bus, Wasserbus und Metro kosten auf der kürzesten Strecke 2 Dh, mit einer vorbezahlten Nol-Karte (s. S. 126) beträgt der Tageshöchstpreis 14 Dh – Kinder unter fünf Jahren und 90 cm Körpergröße fahren gratis.

Einmal über den Creek fahren kostet mit dem **Abra-Boot** 1 Dh und ein abends vielerorts angebotener, mit 3 bis 5 Dh preiswerter Snack ist ein **Sandwich mit „shawarma"**, auf dem Drehspieß gegrilltes Lamm- oder Hühnchenfleisch. In indischen oder pakistanischen **Gastarbeiterlokalen** kann man für unter 15 Dh delikat und reichhaltig essen.

Etliche **Stadthotels** bieten einen kostenfreien **Shuttlebusservice** vom Hotel zu Stränden oder in die Einkaufszentren und viele **Einkaufszentren** bieten wiederum einen Shuttlebusservice an zentrale Plätze oder zu großen Hotels – nachfragen.

Khalid bin al-Waleed Rd in Bur ... und die Al-Maktoum Rd in Dei... Doch Geldwechsel in den Banken bedeutet vergleichsweise **schlechte Wechselkurse** und langwierigere Formalitäten als in Wechselstuben.

Bei den **Öffnungszeiten** gilt zu unterscheiden, ob es sich um Privat- oder Staatsbanken handelt. Viele Privatbanken haben Sa. bis Do. von 8 bis 13 Uhr offen, donnerstags schließen einige bereits um 12 Uhr, manche sind auch nachmittags von 16 bis 18.30 Uhr geöffnet. Staatsbanken öffnen So. bis Do. von 8 bis 13 Uhr.

Reisekasse

Was mitnehmen: Plastikkarte oder Bargeld? Beides! Zum Bezahlen größerer Beträge (bei Hotels und Mietwagenfirmen, in Boutiquen und Goldläden), zum Shoppen in Einkaufszentren sowie zum Geldabheben an den unzähligen Geldautomaten eignen sich **Kreditkarten und Maestro-(EC-) Karten** am besten. Viele Mietwagenagenturen akzeptieren nur Kreditkarten. Je nach Hausbank sind die Auslandsgebühren unterschiedlich, daher sollte sich jeder vor Reiseantritt nach der günstigsten Möglichkeit erkundigen. Einen Teil der Reisekasse sollte man als **Bargeld** mitführen, da dies manchmal lieber angenommen wird als eine Kreditkarte. In den zahllosen *exchange offices* geschieht der Wechsel in emiratische Dirham schnell und unkompliziert (s. S. 100) – auch bei Ankunft am Flughafen.

▶ *Die traditionell-männliche Kopf-bedeckung auf diesem Schild für Herrentoiletten könnte irreführend sein*

▶ *Ornamentverzierungen*

Gesundheitsvorsorge

Wer als gesunder Mensch nach Dubai reist, braucht **keine übermäßige Vorsorge** zu treffen. Für die Einreise aus Mitteleuropa ist **keine Impfung vorgeschrieben**. Das Risiko, an verunreinigten **Nahrungsmitteln** zu erkranken, ist genauso niedrig wie zu Hause.

In Dubais **feucht-heißem Klima** wird man besonders in den ersten Tagen viel schwitzen. Wichtig ist es, **viel zu trinken**, mindestens **zwei bis zweieinhalb Liter täglich** (Mineralwasser, Fruchtsäfte oder Tee).

Die mit Abstand häufigste Erkrankung ist eine **Erkältung**. Da nahezu alle Gebäude mit einer **Klimaanlage** ausgestattet sind, sollte man sich bei einem längeren Innenaufenthalt mit einem Pullover oder einer leichten Jacke vor Unterkühlung schützen. Das Erkältungsrisiko wird dadurch erhöht, dass **Temperaturunterschiede** zwischen draußen und drinnen bis zu 20 °C betragen können und man verschwitzt die kühlen Innenräume betritt. Am besten nicht unter den direkten Luftstrom einer Klimaanlage setzen oder darunter schlafen.

Einen **Sonnenbrand** sollte man nicht nur vermeiden, weil er schmerzt. Viel folgenreicher sind mögliche Spätschäden wie vorzeitige Hautalterung oder gar Hautkrebs. Daher möglichst oft im Schatten aufhalten, Sonnencreme mit hohem Lichtschutzfaktor mehrmals täglich auftragen und möglichst viel Haut bedecken. Keinesfalls sollte man sich in der Mittagszeit zu lange der Sonne aussetzen, denn bei zusätzlicher körperlicher Anstrengung und beengender Kleidung kann es zum **Hitzekollaps** kommen. Wenn der unbedeckte Kopf zu viel Sonne abbekommt, kann ein **Sonnenstich** die Folge sein – also Hut, Käppi oder Tuch aufsetzen.

Hygiene

Die hygienischen Zustände in Dubai sind ähnlich, wie bei uns. Restaurants müssen sich an **Hygieneregeln** halten und tun dies meist auch tadellos. In einfachen Lokalen oder kleinen Straßenimbissen muss man manchmal Abstriche in Kauf nehmen, obwohl es auch dort relativ sauber ist.

Um die **Sauberkeit der Straßen und öffentlichen Toiletten** ist es in der Regel bestens bestellt. Wer Müll achtlos auf die Straße und nicht in die vorgesehenen Abfallbehälter wirft, muss mit hohen Bußgeldern (500 Dh) rechnen.

Informationsquellen

Touristeninformation

Das **Government of Dubai, Dubai Department of Tourism and Commerce Marketing (DTCM)** ist die staatliche Informationsstelle für touristische (sowie geschäftliche) Angelegenheiten.

> www.dubaitourism.ae,
> www.definitelydubai.com

🟠 **110** [im] **DTCM-Hauptbüro in Dubai:** Deira, Al-Fattan Plaza, Airport Rd, Tel. 2821111, geöffnet: Sa.–Do. 9–13 Uhr

> **Informationsstände in Dubai:** Dubai International Airport (geöffnet: 24 h, Tel. 2245252), in der Mitte des Baniyas-Plat-

zes in Deira, in den Einkaufszentren Deira City Centre (s. S. 24) in Garhoud sowie im BurJuman Centre **14** in Bur Dubai und Wafi Mall (s. S. 24) in Umm Hurair und auch in der Mercato Mall (s. S. 24) in Jumeirah (geöffnet: 10–21 Uhr)

> **Auslandsbüro in Deutschland:** Bockenheimer Landstr. 23, 60325 Frankfurt, Tel. 069 7100020

> **Auslandsbüro in der Schweiz (auch für Österreich zuständig):** Hinterer Schermen 29, 3063 Ittigen-Bern, Tel. 031 9247599

Kulturarbeit und Völkerverständigung

🔴 **111** [D4] **Shaikh Mohammed Centre for Cultural Understanding,** Bur Dubai, Bastakia-Viertel, Al-Mussalla Rd, Haus Nr. 43, Tel. 3536666, www.cultures.ae. Von Sheikh Mohammed aufgebautes Zentrum, das Barrieren zwischen Kulturen, Konfessionen und Nationalitäten überbrücken und gegenseitige Akzeptanz fördern möchte. Organisiert u. a. Führungen in der Jumeirah Moschee **15**, Diskussionsforen, Kultur-Frühstück bzw. Mittagessen, Bastakiya-Touren und führt arabische Sprachkurse durch.

Hoheitliche Websites

> **www.sheikhmohammed.com**, Homepage von Shaikh Mohammed
> **www.princesshaya.net**, Website von Prinzessin Haya, einer der Ehefrauen von Shaikh Mohammed
> **www.sheikhkhalifa.ae**, **www.uae-president.ae**, Homepages des Präsidenten der V.A.E.
> **www.ourfatherzayed.ae**, **www.sheikhzayed.com**, Websites über den verstorbenen Staatsgründer Shaikh Zayed

Dubai im Internet

> **www.dubai-city.de**, aktuell, vielfältig und informativ, auf Deutsch
> **www.dubai-report.de**, Nachrichten zu verschiedenen Themen, auch Reisetipps, auf Deutsch
> **www.reiseziel-dubai.de**, interessante und amüsante News, auf Deutsch
> **www.dubai-portal.info**, aktuelle und vielseitige Informationen, auf Deutsch
> **www.dubai.ae**, Government of Dubai, auch Toiristeninfos, auf Englisch
> **www.hallodubai.com**, Blog, Business Forum, Reiseführer, Fotogalerie, auf Deutsch
> **www.dubaiforums.com**, Disskusionsforen der englischsprachigen Residenten, auf Englisch

Mobil auf dem Laufenden

Interesante und kostenfreie **Dubai-Apps** für Smartphone-Nutzer:

> Dubai Metro, Öffentlicher Nahverkehr
> Time Out Dubai, Einkaufs-, Veranstaltungs- und Gastronomietipps
> Emirates 24/7, News zu Dubai und der V.A.E.

> **www.dubaicityguide.com**, ausführlich zu Tourismus, Events und Unterhaltung, auf Englisch
> **www.frauenkreis-dubai.de**, deutschsprachiger Frauenkreis Dubai, auf Deutsch
> **www.dtcm-dubaimap.com**, interaktive Karte des Dubai Department of Tourism and Commerce Marketing, auf Englisch
> **www.uaeinteract.com**, Website des Ministry of Information and Culture, auf Englisch

Publikationen und Medien

In Deutschland informiert die Hochglanzzeitschrift „**Arabia Magazin**" (www.dubai-media.com) viermal jährlich über Reisen, Wirtschaft und Kultur in Dubai, den V.A.E. und den arabischen Nachbarländern. In Dubai sind vor allem die **englischsprachigen Zeitungen und Zeitschriften** für Touristen interessant, sie werden in Supermärkten, an Straßenständen, Tankstellen, Metrostationen sowie in Buchläden mit englischsprachiger Literatur (s. S. 31) verkauft. Die bekanntesten **Tageszeitungen** sind „Gulf News" (www.gulfnews.com), „The Gulf Today" (www.gulftoday.ae), „The National" (www.thenational.ae) und „Khaleej Times" (www.khaleejtimes.com). „7 Days" (www.7days.ae) und „XPRESS" (www.xpress4me.com) sind Gratis-Tageszeitungen, die vielerorts ausliegen. Sehr empfehlenswert ist die alle zwei Monate neu erscheinende englischsprachige Zeitschrift „**liveworkexplore**", die sich den Themen Leben, Arbeiten und Entdecken in Dubai (bzw. in den Emiraten insgesamt) widmet. Das wöchentlich erscheinende Veranstaltungsmagazin „**Time out Dubai**" (www.timeoutdubai.com) bietet eine Fülle von Tipps und Adressen zu Freizeit- und Sportmöglichkeiten sowie Termine

Meine Literaturtipps

Mohammed bin Rashid Al-Maktoum: **In der Wüste findet nur der Kluge den Weg.** *Hanser Verlag, 2009. Der Herrscher von Dubai ist ein leidenschaftlicher Dichter und einige Gedichte wurden auch ins Deutsche übersetzt. Übrigens: Jedes Jahr kreiert Shaikh Mohammed für seine interessierten Bürger ein dichterisches Rätsel. Derjenige, der es löst, wird mit hoheitlicher Anerkennung sowie einem beachtlichen Gewinn belohnt. Dabei muss die Lösung allerdings in Versform verfasst sein, die zudem dieselbe Struktur aufweist, wie die Rätselfrage.*

Wilfred Thesiger: **Die Brunnen der Wüste.** *Piper, 1991. 1959 verfasste Erzählung des britischen Forschungsreisenden über seine Reisen durch die Emirate und Oman – ein „Muss" für alle Wüstenfreunde!*

Heinz Halm: **Der Islam, Geschichte und Gegenwart.** *Ame Hören, 2007. Hintergründe über den Islam via Hör-CD für Lesemuffel.*

Julia Wheeler: **Telling Tales. An Oral History of Dubai.** *Explorer Publishing Dubai, 2010. 23 autobiografische Berichte und Fotoporträts vermitteln die Geschichte Dubais persönlich und lebensnah.*

von Sport- und Kulturevents, Ausstellungen und Messen. Ähnliches findet man im Veranstaltungsmagazin „What's on", das monatlich erscheint (www.motivatepublishing.com). „Discover Dubai" (Touristenmagazin) und „Connector" (Residentenmagazin) sind Gratis-Monatsmagazine, die in Hotels und an Supermarktkassen ausliegen (Online-Versionen unter: www.mydubaiconnection.com).

Internet und Internetcafés

Webzugang besteht zumeist in Hotels und in Internetshops bzw -cafés. Auch nahezu jedes Einkaufszentrum besitzt ein Internetcafé oder Filialen von Kaffeeketten (z. B. Barista, Coffee Bean & Tea Leaf, Second Cup, Starbucks), die WLAN-Zugang bieten. Sogar die Dubaier Metro bietet WLAN-Zugang. In Internetcafés bzw. -shops

Hotspots
WLAN-Hotspots findet man im Internet unter:
> www.etisalat.ae
> www.jiwire.com

zahlt man meist 5 bis 20 Dh pro Stunde, in Hotels der gehobenen Preisklasse ist es teurer. Etliche preiswerte **Internetshops** aller Größen finden sich in Bur Dubai, Khalid bin al-Waleed Rd/Ecke Al-Mankhool Rd.

@112 [C6] **FedEx Kinko's**, Khalid bin al-Waleed Rd, gegenüber vom Einkaufszentrum BurJuman, Tel. 3975335, www.fedexkinkos.ae, 24 h geöffnet

> Wer ein Notebook dabei hat, kann ohne Vertragsbindung mit **Etisalat** online gehen. Am günstigsten (12 Fils/Min.) zahlt man mit der 20-Dh-vorbezahlten BLUE- Prepaid scratch Card (über eine Telefonleitung). Auch WLAN möglich mit Hotspot Prepaid Cards oder Kreditkartenzahlung. Infos zum Internetzugang

und zu Hotspots beim Etisalat Internet-kundenservice, Tel. 101, www.etisalat.ae
> Auch der Telekommunikationsanbieter **du** bietet Internetzugang. Für Touristen interessant ist der Service „Pay as you go", der mobilen Netzzugang ohne Vertragsbindung für 6 Dh pro Stunde ermöglicht. Infos zu Zugangsmöglichkeiten und Hotspots: www.du.ae, Tel. 055 5678155

Maße und Gewichte

Offiziell gilt das **metrische System,** allerdings sind durch das lange intensive Verhältnis zu Großbritannien manchmal noch **britische Maße** gebräuchlich.
> 1 Gallone = 4,54 Liter
> 1 Barrel = 159 Liter
> 1 Unze = 28,35 Gramm
> 1 Pfund = 453,59 Gramm
> 1 Fuß = 30,48 Zentimeter

Medizinische Versorgung

Krankenhäuser und Kliniken

Dubai verfügt über ein gut organisiertes Gesundheitssystem. Im Verhältnis zur Bevölkerungszahl gibt es eine große Anzahl an Ärzten und Krankenhausbetten. Neben staatlichen und privaten Krankenhäusern gibt es **private Arztpraxen** und sogenannte „**clinics**", also **Gemeinschaftspraxen** verschiedener Fachärzte in einem Gebäude. In Quartieren, in denen überwiegend Gastarbeiter wohnen, gibt es allereinfachste Praxen, deren Besuch nicht anzuraten ist.

Die medizinische Notfallversorgung in den staatlichen Krankenhäusern ist für alle kostenlos. Urlauber müssen für alles, was über die medizinische Notfallversorgung hinausgeht, **bezahlen.** Wer zu Hause eine **private Auslandskrankenversicherung** abgeschlossen hat, bekommt die Kosten nach Vorlage von Quittungen und Bescheinigungen erstattet.
> **Notfallambulanz:** Tel. 999
> **Ärztesuche:** Tel. 8814188, www.doctor-dubai.com
> **Infos zu den staatlichen Krankenhäusern:** Dubai Health Authority, Tel. 800342, www.dohms.gov.ae

Staatliche Krankenhäuser mit 24-Stunden-Notfallservice
✚**113** [il] **Dubai Hospital,** Al-Hamriya, Al-Khaleej Rd Ecke Abu Baker Al-Siddique Rd, Tel. 2195000
✚**114** [hm] **Rashid Hospital,** Umm Hurair, Oud Metha Rd, Tel. 2192000

Privatkrankenhäuser und -kliniken
✚**115** [hm] **German Medical Centre,** Umm Hurair, Dubai Healthcare City District 6, www.gmcdhcc.com, Tel. 3622929
✚**116** [fl] **Emirates Hospital,** Jumeirah, Jumeirah Road, gegenüber vom Jumeirah Beach Park, 24 h geöffnet, auch deutsche Ärzte, auch in Dubai Marina, Tel. 3496666, www.emirateshospital.ae

Zahnkliniken
Zahnärzte arbeiten auch in den meisten oben genannten Privatkliniken, außerdem:
✚**117** [gl] **German Dental Clinic,** Shaikh Zayed Rd, White Crown Building, Tel. 3324499, www.germandent.com

▶ *Kindgerechte Poollandschaften bieten Platz zum Spielen*

⊕118 [bl] Modern Dental Clinic, Dubai Marina, Marina Terrace Tower, Tel. 3675091, auch im Knowledge Village und Uptown Mirdif, www. dubaimarinadentalclinic.com

Apotheken

Apotheken (engl. *pharmacy*) finden sich viele in Dubai, meist entlang **wichtiger Geschäftsstraßen** und in nahezu jedem **Einkaufszentrum.** In großen Filialen sind auch medizinisches Zubehör, Babynahrung, Kosmetikprodukte und ähnliche Dinge erhältlich. Das Apothekenpersonal spricht sehr gut englisch.

Notfalldienste *(pharmacies on duty)* bieten Krankenhäuser, Kliniken und wechselnde Apotheken. Infos dazu findet man in den Tageszeitungen, unter Tel. 8814188 und www. doctor-dubai.com (Apothekensuche). Eine Rund-um-die-Uhr-Apotheke bietet z. B. Emirates Hospital (s. S. 106).

Mit Kindern unterwegs

Dubai eignet sich fabelhaft für einen Familienurlaub, denn die Menschen sind hier ausgesprochen kinderfreundlich. Alles, was man braucht, wenn man mit Kindern verreist, kann man in Dubai bekommen, sodass nichts vorratsweise mitgebracht werden muss. In **Hotels** kann man sich ein Zusatzbett aufstellen lassen und zahlt meist lediglich einen Aufschlag auf den Doppelzimmerpreis (je nach Kindesalter auch gratis). Kinderpools sind meist vorhanden, einige große Hotels bieten einen pädagogisch betreuten Spielklub. In vielen **Restaurants** können Kleinkinder verbilligt essen, bekommen Geschenke oder ihre Getränke kostenlos aufgefüllt. Meist gibt es Hochstühle. Die weitverbreiteten Fast-Food-Restaurants und *Food Courts* der Einkaufszentren sind mit einem Spielbereich ausgestattet.

061du Abb.: jm

In den **öffentlichen Parks** gibt es Spielgeräte und für Frauen und Kinder reservierte Tage. **Klimagekühlte Spielbereiche** finden sich in allen großen Einkaufszentren, teilweise mit Betreuung. Große **Festivals** wie das Dubai Shopping Festival (s. S. 18) bieten spezielle Veranstaltungen an.

Vor allem bei Kindern ist selbstverständlich genau auf **Gesundheit und Sonnenschutz** zu achten.

> **Website** speziell für Familien mit Kindern: www.dubaikidz.biz
> **TimeOut Kids** ist ein speziell für Familien konzipierte Veranstaltungsmagazin (www.timeoutdubai.com).

Museum für Kinder

🅼 **119** [hm] **Children's City**, Umm Hurair, im Creek Park, Tel. 3340808, www.childrencity.ae, geöffnet: Sa.–Do. 9–20, Fr. 15–21 Uhr, Eintritt: Kinder 10 Dh, Erwachsene 15 Dh, Familien 40 Dh. Multimediales und interaktives Museum für Kinder, Schulgruppen und Familien, im Creek Park, Gate 1. Auf drei kunterbunten Etagen können Kinder zwischen 5 und 15 Jahren die Welt spielerisch entdecken: Aktiv können verschiedene naturwissenschaftliche Phänomene ergründet werden, doch auch die emiratische und andere Kulturen. Auch eine Spielecke für Kleinkinder und ein 3-D-Planetarium gehören dazu.

Vergnügungszentren

In Dubai vergnügen sich Kinder gerne in **den grellbunten Plastikwelten** von klimatisierten Unterhaltungszentren, die in den Einkaufszentren zu finden sind. Eines der größten „Edutainment Center" der Golfregion, **Kid Zania** (www.kidzania.ae), findet sich in der Dubai Mall 🟥26. Teens und Twens werden von der **Sega**

062du Abb.: na

Republic (auch in der Dubai Mall) angesprochen. Ebenfalls riesig ist der **Magic Planet** in der Mall of the Emirates 🟥28 und in der City Centre Einkaufshalle. Die Öffnungszeiten entsprechen jeweils der landesüblichen Kernöffnungszeit größerer Einkaufszentren (10–22 Uhr, z. T. bis Mitternacht). Infos zu diesen Einkaufszentren stehen auf Seite 23.

Notfälle

In Not geratene Reisende wenden sich z. B. bei Verlust von Reisedokumenten oder bei juristischen Problemen am besten an die **Auslandsvertretung** (s. S. 98) ihres jeweiligen Heimatlandes.

▲ *Ein kunterbuntes Kinderfest*

Notrufnummern

> Ambulanz und Polizei: Tel. 999
> Feuerwehr: Tel. 997

Polizei

- **120** [im] **Dubai Police**, Polizeihauptquartier (engl. *police headquarters*), Al-Ittihad Rd, Ecke al-Quds St, Tel. 2292222, 6099999, www.dubaipolice.gov.ae
> **Verkehrspolizei** (engl. *traffic police*), Tel. 2172360, 2694444
> **Touristensicherheit** (*tourist security*), Tel. 8004438

Verluste

In **Deutschland** gibt es mit der **Tel. 0049 116116** einen **zentralen Sperrnotruf** für alle Bank- und Kreditkarten, SIM-Karten, Kundenkarten usw. (weitere Infos: www.sperrnotruf.de). Man sollte für eine Kartensperrung die jeweiligen Konto-/Kartennummer, SIM- und IMEI-Nummer (erscheint nach Eingabe des Tastencodes Stern-Raute-Null-Sechs-Raute auf dem Display) und ggf. Kundennummer oder -kennwort zur Hand haben – also besser vor der Reise notieren und separat im Hotel aufbewahren.

Für **Österreich** und **die Schweiz** gibt es keine zentrale Sperrnummer. Bürger dieser Länder sollten sich die Sperrnummern für ihre Karten vor Reiseantritt heraussuchen und ebenfalls getrennt von den Karten notieren.

Sollte die gesamte Reisekasse, die niemals nur aus **Bargeld** bestehen sollte, verloren sein, so kann man sich aus dem Heimatland über eine Transferfirma wie z. B. Western Union (www.westernunion.com) oder Money

Gram (www.moneygram.de) schnell Geld senden lassen.

Hat man den **Reisepass** verloren, muss man dies polizeilich melden und sich bei den diplomatischen Auslandsvertretungen seines Heimatlandes (s. S. 98) über Ersatzmöglichkeiten bzw. Ausreiseformalitäten erkundigen. Vorsichtshalber sollte man vor der Reise zwei **Kopien** von Reisepass, Flugticket und Reiseversicherungspolice anfertigen – eine Kopie lässt man zu Hause und die andere bewahrt man während des Urlaubs getrennt von den Originalen auf. So ist die Erschaffung von Ersatz später einfacher. Dies gilt nicht nach dem Verlust von nicht unbedingt benötigten Dokumenten wie **Personalausweis** oder **Führerschein** denn diese können ohnehin nur von den Behörden des Heimatortes ersetzt werden.

Öffnungszeiten

Muslimisch oder westlich

Die Öffnungszeiten in Dubai passen sich zum Teil an **muslimische Gegebenheiten** an. Bei den Büro- und Öffnungszeiten ist eine Zweiteilung **zwischen Privat- und Regierungssektor** zu beachten: Regierungsstellen und Staatsbetriebe haben Freitag und Samstag arbeitsfreies Wochenende, Privatfirmen können ihre Zeiten frei gestalten, die meisten sind freitags geschlossen, manche bieten 7-Tage-Service.

Geschäfte und Restaurants haben meist jeden Tag geöffnet. Zur Zeit des wichtigen Gebetes am **Freitagmittag** haben viele (nicht alle!) zwischen ca. 11.30 und 16 Uhr geschlossen. Manche öffnen freitags erst am

Nachmittag. Im muslimischen Fastenmonat **Ramadan** gelten andere Öffnungszeiten (s. S. 20).

Kernzeiten

> **Geschäfte (Straße, Souq):** Sa.–Do. 9–13, 16–20 Uhr
> **Geschäfte (Malls, große Einkaufszentren):** tägl. 10–22 Uhr, zum Teil freitagmittags geschlossen oder freitags nur nachmittags geöffnet
> **Supermärkte:** tägl. 9–22 Uhr, zum Teil 24 Stunden geöffnet, kleinere schließen freitagsmittags
> **Staatliche Behörden, Firmen, Banken, Büros** (auch Botschaften und Konsulate): So.–Do. 8–14 Uhr, zum Teil im Sommer eine Stunde früher geschlossen
> **Private Firmen, Banken:** unterschiedliche, firmenbestimmte Arbeitstage mit muslimisch-arbeitsfreiem Freitag oder staatlich-orientiertem Samstag frei; Bürozeiten 9–14 und 16–20 Uhr, manche arbeiten ohne Mittagspause.

Post

Emirates Post

> ✉ **121** [hm] **Bur Dubai Main Post Office,** Umm Hurair, Za'abeel Rd, geöffnet: tägl. 7.30–21 Uhr
> ✉ **122** [im] **Deira Main Post Office,** Abu Hail, Street No. 16, geöffnet: tägl. 7.30–21 Uhr
> **Emirates Post,** Call Center Tel. 600599999, www.emiratespost.com

Porto

Luftpostporto nach Deutschland, Österreich und in die Schweiz:
> **Briefe** bis 20 g: 4,75 Dh
> **Postkarte:** 3 Dh
> **Briefmarken** sind meist an Hotelrezeptionen erhältlich.

Internationale Kurierdienste

> **DHL Worldwide Express,** www.dhl.co.ae, Tel. 8004004
> **Empost** www.empostuae.com, Tel. 600565555
> **United Parcel Service,** www.ups.com, Tel. 8004774

Radfahren

Radfahren in Dubai ist keinem Touristen anzuraten, nur wenige Gastarbeiter zeigen **Mut zum Risiko** bzw. Schicksalsergebenheit (dies dann aber durchaus auch entgegen der Fahrtrichtung). Mit einer Rücksichtnahme der Autofahrer brauchen Radfahrer nicht zu rechnen.

Schwule und Lesben

Dubai ist kein Reiseziel für diejenigen, die ihre Homosexualität gerne präsentieren bzw. nicht verstecken können. Auch wenn Araber sich mitunter – wohlgemerkt nur Herren bzw. nur Damen untereinander – wangenküssend begrüßen, so hat nichts davon homosexuelle Züge, sondern bekundet lediglich Freundschaften. Alles, was darüber hinaus geht, wird **nicht toleriert, ist verboten** und kann im **Gefängnis** enden.

Sicherheit

Dubai ist ein sehr **sicheres Urlaubsland.** Von den derzeitigen zumeist politisch orientierten Protesten, Unruhen und Umstürzen wie in anderen arabischen Ländern sind die V.A.E. weit entfernt. Die Akzeptanz des Herrscherhauses ist sehr groß und ein relativ hoher sozialer Wohlstand ohne hohe Arbeitslosigkeit machen die V.A.E. zu einem der **sichersten Länder des Mittleren Ostens** (Stand 1/2012, aktuelle Sicherheitshinweise siehe www.auswaertiges-amt.de). Dennoch ist es ratsam, wachsam zu sein, die religiösen, politischen, kulturellen und sozialen Traditionen zu berücksichtigen und sich von eventuellen Protestkundgebungen fernzuhalten.

Die **Kiminalitätsrate** im Land ist niedrig, schwere Kriminaldelikte sind selten und werden hart bestraft. Das sollte jedoch nicht zu **Sorglosigkeit** führen: Wertgegenstände immer im Auge behalten, wertvollen Schmuck nicht zu auffällig tragen, Wertsachen, Reisepapiere und Bargeld im Hoteltresor verschlossen halten bzw. draußen nur im Bauchgürtel oder in Innentaschen mitführen. Wichtig ist auch, am Pool den **Zimmerschlüssel bzw. die -karte nicht unbeaufsichtigt** zu lassen!

Für Touristen wurde ein **Tourist Security Department** (s. S. 109) als Ansprechpartner eingerichtet.

Sport und Erholung

Hotelangebote

In Dubai kann man aus einem abwechslungsreichen **Sport- und Freizeitangebot** wählen. **Swimmingpool** (auf der Dachterrasse oder im Garten), **Tennisplatz, Fitnessräume und Sauna** gehören zur Grundausstattung nahezu aller großen **Hotels.** Etliche Resorts offerieren **Wassersportmöglichkeiten.**

076du Abb.: dtcm

▶▶ *Das Klubhaus des Emirates Golf Club in Form von Beduinenzelten*

Voll im Trend liegen **Wellness- und Spa-Bereiche.** Zahlreiche Hotels bieten **auch Nicht-Hotelgästen** die Möglichkeit zur Nutzung ihrer Spa- und Sportanlagen, indem sie für Einzelleistungen oder in Form einer Tagespauschale bezahlen. Toll ist, dass man dann auch Zugang zum eventuell vorhandenen Strand findet.

Golf

Mit Recht und Stolz bezeichnet sich Dubai als **Golfmetropole** der Region. Unterschiedlichste Spiellandschaften, sowohl Rasenanlagen als auch Sand- und kombinierte Plätze, bieten Abwechslung. Etliche Anlagen bieten Meisterklasse-Niveau, viele sind als Golfresort oder Golfstadt konzipiert.

❯ **Golf in Dubai,** Tel. 3802112, www.golfindubai.org

064du Abb.: at

Dubai Sports City

Zu dem in Bau befindlichen Riesen-Freizeitpark Dubailand **30** gehört auch die bereits fertige Dubai Sports City – die weltweit erste **Sportstadt**. Neben vier Stadien (Multifunktional, Cricket, Hockey), mehreren Sport- und Schwimmhallen, einem Golfklub, einer Sport-Mall, einem Golfresort, Sportschulen und einem riesigen Sport- und Freizeitangebot gibt es auch ein Sportmedizinzentrum.
❯ www.dubaisportscity.ae, Tel. 4251111

Parks und Strände

Ausspannen im Grünen kann man z. B. im **Creek Park**, **im Jumeirah Beach Park** und im **Al-Mamzar Beach Park** (s. S. 48, 49). Die beiden letztge-

nannten haben zusätzlich zum Parkareal schöne Strände.

Öffentliche Strände gibt es immer mehr, beliebt sind besonders die um die Al-Mamzar Lagune, vor Jumeirah und der Dubai Marina (s. S. 48, 50). Nach der Fertigstellung von Dubais künstlichen Inselwelten werden vermutlich neue Badestrände dazukommen.

Kamelrennen

Kamelrennen sind nicht nur bei Einheimischen, sondern auch bei Touristen sehr beliebt. Sie werden nur im **Winter** abgehalten und die meisten Veranstaltungen finden an den Wochenenden (d. h. freitags) oder an Feiertagen statt.

Ein besonderes Erlebnis ist es, eine **hochrangige Veranstaltung** wie z. B. die großen Rennen zum Abschluss einer Saison, zum Nationalfeiertag Anfang Dezember oder zum Ende des Fastenmonats Ramadan zu besuchen

▲ *Dubais Wahrzeichen, das Luxushotel Atlantis The Palm (s. S. 122)*

Bohrer auf dem Buckel – Pimp the Jockey

065du Abb.: kk

Der **Kamelrennsport** ist ein überaus einträgliches Geschäft. Die Teilnahme an Rennen und Kamelzucht gilt als Zeichen arabischer Identität. Hauptsächlich geht es um Ruhm und Ehre, doch den Kamelbesitzern und Trainern bringt der Sport auch Reichtum und eine gesicherte Zukunft.

Seit Neuestem werden die hochgezüchteten Edelrenner nicht mehr von menschlichen Jockeys geritten, sondern von maschinellen Ersatzkollegen – in der gesamten Golfregion heißt es heute **„Hilti gegen Black & Decker"**. Und das kam so: Als das Öl aus dem verdorrten Wüstenboden sprudelte, avancierte das Volksfest-Highlight Kamelrennen zu einem exorbitant teuren **Prestigesport.** In diesen Ölboomzeiten peitschten minderjährige **Kinderjockeys** die holperigen „Rennmaschinen" zum Sieg, doch hoheitliche Dekrete des zweiten Millenniums besagen, dass Kameljockeys mindestens 18 Jahre alt sein müssen. Somit war eine zündende Idee gefragt, um die leichten Kinder nicht durch schwere Jungs ersetzen zu müssen, was der Renngeschwindigkeit der Tiere nicht gut getan hätte. Und so entstand der **maschinelle Jockey,** eine Konstruktion, die sich als ferngesteuerter Akkuschrauber mit Peitsche und Stoffverhüllung beschreiben lässt. Ausgefeilte Modelle sind sogar mit einem Funkgerät bestückt, sodass der Kameleigner während des Rennens mit seinem schnellen Schätzchen „sprechen" kann. Diese „Bohrer auf dem Buckel" wiegen knapp 4 Kilo. Insbesondere für Jungkamele, die unter der Last eines erwachsenen Reiters ziemlich stöhnen würden, eignen sie sich besonders.

Technisch deutlich übertrieben, werden sie oft als „Roboter-Jockeys" bezeichnet – aber wer weiß, was die Zukunft noch bringt?

Ist das Ganze nun **Fortschritt oder Kulturbruch?** Die Reaktion der Kameleigner schwankt zwischen Begeisterung und Entsetzen. Manche loben, man müsse sich nun keine Sorgen mehr um die Kinder machen. Sie wünschen sich ausgefuchstere Peitschvarianten, lautere Hupen und immer leichtere Modelle. Ideen, die neuen Reiter via Handysignal fernzusteuern, sind bei vielen willkommen, denn dann könnte man sein Lieblingsrennkamel ja auch von der weitab liegenden Jacht aus steuern ... Andere verfluchen den neumodischen Kram und sehen den Untergang des Morgenlandes nahe. Wer weiß, vielleicht ist es nur eine Frage der Zeit, bis auch die Kamele durch Maschinen ersetzt werden ...?

▲ Einer der modernen „Maschinenjockeys"

(Ankündigungen in den emiratischen Tageszeitungen und auf u. g. Website). Doch auch wenn gerade kein bedeutsames Rennen stattfindet, lohnt es sich frühmorgens zur Rennbahn zu fahren, um bei einem **Trainingslauf** zuzusehen. Dubais Kamelrennbahn liegt im Stadtteil **Al-Marqadh.**

❯ UAE Camel Race Association, Tel. 02 5839200, www.cra.ae

Sprache

Die offizielle Landessprache ist **Arabisch. Englisch** ist gängige Geschäftssprache, die unter den Emiratern und den Gastarbeitern weitverbreitet ist. Verkehrs- oder Hinweisschilder sind meist zweisprachig.

Die meisten Bewohner Dubais beherrschen Englisch zum Alltagsgebrauch, wenn auch zum Teil mit einer ungewohnten Betonung und einigen fremden Vokabeln („Indlish"). Aber auch wer nicht perfekt ist, verfügt zumindest über einen Grundwortschatz.

Deutsch wird nur manchmal, an Rezeptionen großer Hotels oder von Reiseleitern gesprochen. Oft zu hören sind auch **Hindi** (Indisch), **Urdu** (Pakistanisch) und **Farsi** (Persisch), das von den Gastarbeitern gesprochen wird.

Stadttouren

In Dubai bieten sich verschiedene Möglichkeiten zu einer organisierten Stadtrundfahrt – auch überaus originale und originelle.

Im Doppeldeckerbus

Extra für Touristen fahren oben offene Doppeldeckerbusse, **die an zahlreichen Sehenswürdigkeiten stoppen.** Tagtäglich werden zwei Routen bedient. Jeder, der mitfahren möchte, kann an einer beliebigen Station zusteigen und das Ticket lösen, eine Buchung im Voraus ist nicht nötig. Unterwegs kann man, wo man will und so oft man will, die Fahrt unterbrechen. Fahrscheine sind wahlweise 24 oder 48 Stunden gültig. Die Busrundfahrt beinhaltet zusätzlich frei-

en Eintritt ins Dubai Museum , ins Shaikh Saeed House ❷, eine Dhau-Cruise (s. S. 64) sowie Einkaufs- und Restaurantrabatte.

Die Tour (ohne Stopps) dauert bei der **City Tour** 105 Minuten und bei der **Beach Tour** 165 Minuten. Zudem gibt es eine 2-stündige **Nachttour** ohne Ausstieg (nur 19.30 Uhr ab Deira City Centre oder 20.30 Uhr ab Souq Madinat Jumeirah ⓮). An Bord ist ein englischsprachiger Reiseleiter, deutsche Erläuterungen gibt es vom Tonband.

❯ **The Big Bus Company,** Tel. 3407709, www.bigbustours.com, Preise: Red und Blue Route 24-Stunden-Ticket: Erwachsene 60 $, Kinder 27 $, Familien 147 $. Ticketkauf im Bus, via Internet, in vielen Hotels und in den Einkaufszentren Deira City Centre, Wafi Mall, Mall of the Emirates, BurJuman Centre, Souq Madinat Jumeirah und in der Dubai Festival City.

▲ *Stadttouren kann man in Dubai zu Land, aber vor allem auch zu Wasser unternehmen*

Im Amphibienbus

Einzigartig am Golf: Sowohl an Land als auch über den Creek führen die Stadtrundfahrten mit dem absolut auffälligen und technisch ausgeklügelten Amphibienfahrzeug von Wonder Bus. Der erste und der letzte Teil der Tour führen ganz „normal" über Land **durch Bur Dubai**, doch zwischendrin geht es über eine Rampe hinein **ins Wasser** und über den Creek. **Start und Ende** der Tour ist am Einkaufszentrum BurJuman ⓮ in Bur Dubai. **Ticketverkauf** durch viele Hotels und Reiseveranstalter, zudem online oder vor dem Start der Fahrt im Wonder-Bus-Tours-Büro im BurJuman Centre. Es starten drei bis vier Touren täglich (Dauer je 1,5 h, auf Englisch und Arabisch), die genauen Abfahrtszeiten sind vom Wasserstand im Creek abhängig und telefonisch zu erfragen.

❯ **Wonder Bus Tours,** Tel. 3595656, www. wonderbusdubai.net, Preise: Erwachsene 140 Dh, Kinder 95 Dh, Familien 440 Dh

Konventionelle Stadttouren

Die folgenden in Dubai ansässigen Tourveranstalter bieten **Stadtrundfahrten** (ca. 110–160 Dh) und auch **Spezialprogramme** wie Einkaufs- und Kulturtouren, Hubschrauberrundflüge oder Jachttörns an. Sie organisieren ebenfalls **Dhau-Cruises, Wüstensafaris** und **Ausflüge in die anderen Emirate.** Zudem übernehmen sie Serviceleistungen wie Hotelzimmer- oder Mietwagenbuchung.

> **Arabian Adventures,** Tel. 3439966, www.arabian-adventures.com
> **Arabian Explorers,** Tel. 5018555, www.arabian-explorers.com
> **Gulf Dunes,** Tel. 2714506, www.gulfdunes.com
> **Net Tours,** Tel. 6028888, www.nettours-uae.com
> **Orient Tours,** Tel. 2828238, www.orienttours.ae
> **Travco Travel,** Tel. 3366643, www.travcotravel.com/uae

Creek Cruise

Es gibt verschiedene Varianten zu einer organisierten Rundfahrt über Dubais Inlandlagune (s. S. 64). Beispielsweise per **Amphibienbus,** per traditionellem **Holzschiff.**

Telefonieren

Festnetz

Das Telefon- sowie Internetnetz der **staatlichen und marktführenden Telekommunikationsgesellschaft Etisalat** ist hervorragend ausgebaut. Etisalat-Zentralen sind stets unverkennbar von einem riesigen „Golfball" gekrönt.

> **Etisalat,** Kundenservice Tel. 101 bzw. 800101 (gebührenfrei), www.etisalat.ae

Vorwahlen

V.A.E.	00971
Ortsvorwahl **Festnetz Abu Dhabi**	02
Ortsvorwahl **Festnetz Dubai**	04
Emiratische **Mobiltelefone**	05
Gebührenfreie Servicenummer	800

> Englischsprachige **Telefonnummern-Auskunft** Tel. 181 (gebührenfrei), aus dem Ausland 00971 400444101

Telefonzellen funktionieren mit Kredit- und Telefonkarten. Viele kleine Läden haben einen Telefonapparat installiert, der von jedermann benutzt werden kann. **Prepaid-Telefonkarten** gibt es in den Etisalat-Zentralen und bei fliegenden Händlern, an den Kassen der kleinen Lebensmittelläden und großen Supermärkte sowie an Kiosken und Tankstellen. Vorteil: Das Telefonieren ist preisgünstig und internationale Gespräche werden stets zum Nebenzeit-Tarif berechnet. Es gibt zwei Arten (beide für nationale und internationale Gespräche): Die **Smart Payphone Card** ist eine Chip-Telefonkarte, welche die bargeldlose Direktwahlnutzung in Telefonzellen erlaubt. Mit **Calling Cards** kann von allen Telefonapparaten (Handy, Hoteltelefon, Privatanschluss) telefoniert werden.

In den großen Hotels, Banken und Geldwechselstuben stehen meist öffentliche Telefonapparate, von denen man als Kunde **kostenlos Ortsgespräche** im Dubaier Festnetz führen kann (ohne Ortsvorwahl). Ansonsten kostet eine Minute Festnetz **innerhalb der V.A.E.** 0,025 bis 0,24 Dh – je nach Entfernung und Tageszeit. Eine Minute zu einem mobilen Telefon kostet rund 0,24 Dh. **Auslandstelefonate** kann man von allen Fernsprechern führen. Sie kosten nach Deutschland je nach Wochentag und Uhrzeit 1,37 bzw. 2,12 Dh/min.

Mobiltelefon

In Dubai nutzt man 900 MHz GSM wie in Europa. Die meisten **heimischen Anbieter** haben einen Roaming-Vertrag mit einem der emiratischen Provider, man muss bei der Nutzung seines Gerätes in Dubai allerdings mit **hohen Roaming-Kosten** rechnen. Nicht zu vergessen die passiven Kosten, wenn man von zu Hause aus angerufen wird. **Tipp: Rufumleitung zur Mailbox deaktivieren.** Preiswerter ist es, sich von vornherein auf das Versenden von SMS zu beschränken. Ihr Empfang ist in der Regel kostenfrei, MMS dagegen relativ teuer. Die Einwahl ins Internet über das Mobiltelefon ist meist kostspielig – surfen ist im nächsten Internetcafé deutlich günstiger.

Wer ein **SIM-lock-freies Mobiltelefon** besitzt, kann sich in Dubai eine Prepaid-SIM-Karte kaufen und damit direkt das Netz der V.A.E. nutzen. Allerdings bekommt man dabei eine emiratische Telefonnummer zugewiesen. Von Etisalat gibt es die Ahlan-SIM-Karte (inkl. Gesprächsguthaben, www.etisalat.ae). Ein weiterer Anbieter ist du mit der Visitor Mobile Line (www.du.ae). Beide bieten auch mobilen Internetzugang mit verschiedenen Datenmengen und Kosten. Zu kaufen gibt es diese SIM-Karten bereits am Flughafen sowie in großen Einkaufszentren, in großen Supermärkten und in zahlreichen Handy-Shops im Souq. Etisalat-Karten gibt es zudem in deren Geschäftsstellen. Rubbelkarten zum **Aufladen des Guthabens** (recharge cards) verkaufen nahezu alle Supermärkte und Tankstellen.

Uhrzeit

Dubai – wie die gesamten V.A.E. – sind **der mitteleuropäischen Zeit voraus**, und zwar während der **Winterzeit** um drei Stunden und während der **Sommerzeit** um zwei Stunden.

Unterkunft

Hotelpreise und Ausstattung

Insgesamt gibt es in Dubai knapp 400 Hotels aller Luxus- und Preisklassen – 97 weitere Hotels sind im Bau. Die Hotelpreise differieren zwischen **Direktbuchung** und **Buchung über einen Reiseveranstalter** sowie zwischen **Hauptsaison** (1. Okt.–30. Apr.) und **Nebensaison** (1. Mai–31. Sept., bis zu 40 % preiswerter). Seit 2009 zeigen Hotelpreise einen deutlichen Abwärtstrend, insbesondere Luxus- und Mittelklassehotels wurden deutlich erschwinglicher. Bei einer Preisanfrage sollte man sich erkundigen, ob *tax* und *service charge* (Steuer und Servicepauschale) schon inklusive sind, denn je nach Hotel und Zimmer können beide zusammen 15 bis 25 % des Preises ausmachen. Bei Direktbuchungen gibt es Spielraum zum Handeln.

Luxushotels sind in der ganzen Stadt zu finden und an Dubais Stränden als Resortanlagen und auch in Form von Wüstenresorts. Selbstverständlich bieten sie die Oberklasse an Ausstattungsmerkmalen, Serviceleistungen und Freizeitangeboten.

Viele **Mittelklassehotels** liegen im Zentrum Dubais, in Bur Dubai und Deira, auffällig viele finden sich auf der Deira-Seite im **Stadtteil Al-Rigga**, und zwar in den Seitenstraßen zwischen der Al-Rigga Rd und Al-Maktoum Rd. Alle Hotels haben hauseigene Restaurants Bars oder Nachtklubs, zudem einen Pool (meist auf der Dachterrasse), Fitness- und Businesseinrichtungen sowie Internetzugang.

In Dubai finden sich außerdem über 170 **einfache Hotels**, bei denen es kaum Preisunterschiede zwischen Haupt- und Nebensaison gibt. Klimaanlage, eigenes Bad, Kühlschrank, Telefon und Fernseher sind hier Standard, einen Pool haben jedoch nur manche 2-Sterne-Häuser. Viele Billighotels existieren nur wegen ihrer **Bars und Nachtklubs** und insbesondere in kleinen Häusern dröhnen diese mitunter die ganze Nacht. Wer Ruhe liebt, sollte sein Zimmer „probehören" – oder in eines der wenigen Häuser ohne solche Etablissements einchecken. Preiswerte Hotels gibt es nur im Zentrum, in Bur Dubai und Deira. Ein Eldorado ist das **Souqgebiet von Deira** ❼, doch manche Unterkünfte sind mit Vorsicht zu genießen, da sie als Stundenhotel dienen. In dem an den Deira-Souq angrenzenden Stadtteil **Al-Rigga** sowie in

Bur Dubai gibt es ebenfalls einfache Hotels – weniger zwar, aber dafür zumeist qualitativ besser, sauberer und weniger „fragwürdig".

Hotelbuchungen

Hotelzimmer kann man **direkt** oder über Reisebüros und Internetportale buchen. Empfehlenswert sind **Preisvergleiche**, z. B. über www.trivago.de, www.holidaycheck.de oder www.swoodoo.com/de. Das Department of Tourism and Commerce Marketing bietet einen guten **Onlineüberblick** über die Dubaier Hotels, Resorts und Appartments samt Links zu deren Homepage und einer Standortanzeige im Stadtplan.
> www.definitelydubai.com

Hoteltipps

🏠 **123** [C4] **Arabian Courtyard** €€€€, Bur Dubai, Al-Fahidi St, Tel. 3519111, www.arabiancourtyard.com. 173 hübsch in traditionell emiratischem Stil eingerich-

067du Abb.: jm

Preiseinteilung

Die angegebenen Preisklassen stellen eine unverbindliche Orientierungshilfe für Direktbuchungen eines Standard-Doppelzimmers zur Hauptsaison dar.

€	150–270 Dh (31–56 €)
€€	250–370 Dh (52–77 €)
€€€	350–510 Dh (73–107 €)
€€€€	490–650 Dh (102–136 €)
€€€€€	ab 630 Dh (ab 132 €)

Die Stern-Angaben bei den Hotels beziehen sich auf die Kategorisierung des Dubai Department of Tourism and Commerce Marketing (DTCM).

tete Gästezimmer und Suiten in zentraler Lage in Bur Dubai gegenüber vom Fort/Dubai Museum nahe am Souq, mit Spa und Pool.

🏨**124** [hl] **Bavaria Executive Suites Bur Dubai** €€€, Al-Mankhool, Kuwait Rd, Tel. 3558800, www.bhihotels-burdubai.com. Familienfreundliches Hotel, auch für Geschäftsreisende, luxuriöse, volleingerichtete Suiten, mit Pool, Sauna- und Fitnessbereich, Kinderclub, Innenstadt-Shuttlebusservice und Strandklubzugang.

🅱 [dl] **Burj Al Arab** €€€€€ und **Jumeirah Beach Hotel** €€€€€. Luxushotel-Ensemble mit futuristisch-maritimen Baustil.

🏨**125** [E2] **City Gold** €, Deira Gold Souq, Tel. 2263600, www.citygolddubai.com. Ein-Stern-Hotel mittendrin im Gold Souq, mit Restaurant, ohne Bar.

🏨**126** [im] **Eureka** €€, Al-Rigga, Street 36B, zwischen Al-Rigga Rd und Al-Maktoum Rd, Tel. 2954466, www.eurekahotel.ae. Zwei-Sterne-Hotel mit Dachpool und Shuttleservice zu Einkaufszentren und zum Strand.

🏨**127** [F3] **Florida** €€, Deira, Al-Sabkha Rd, www.florahospitality.com, Tel.

2266888. Empfehlenswertes 1-Stern-Hotel ohne Bar mitten in Deira bei der Al-Sabkha-Busstation.

🏨**128** [F3] **Florida International** €€, Deira, Al-Sabkha Rd gegenüber der Al-Sabkha-Busstation, Tel. 2247777, www.florahospitality.com. Zwei-Sterne-Hotel in zentraler Lage, ohne Bar.

🏨**129** [gl] **Holiday Inn Express Dubai Jumeirah** €€–€€€, Jumeirah, Jumeirah Beach Rd, Tel. 4071777, www.hiexpress.com. Sachliches, modernes und praktisches 2-Sterne-Hotel im Norden von Jumeirah, gegenüber vom Hafen. Weitere Häuser: Dubai International Airport, Shaikh Zayed Rd, Safa Park, Al-Rigga, Deira, Festival City, Dubai Internet City.

🏨**130** [im] **Ibis Deira City Centre** €€, Garhoud, Street 8, gegenüber vom Deira City Centre, Tel. 7028000, www.ibishotel.com. Gegenüber vom Einkaufszentrum, nahe des Dubai International Airport, Zwei-Sterne-Hotel mit fairen Preisen. Weitere Ibis-Hotels: Al-Rigga, World Trade Centre, Mall of the Emirates, Shaikh Zayed Rd.

🏨**131** [A4] **Imperial Suites** €€€, Al-Mankhool, Al-Rola Rd, Tel. 3515100, www.imperialsuiteshotel.com. 153 Suiten im 3-Sterne-Hotel mit Dachpool, Restaurants und Bars nahe Bur Dubai.

🏨**132** [bl] **Media One** €€, Dubai Media City, Media 1 Tower, Tel. 4271000, www.mediaonehotel.com. Hip, funky, trendy: nahe an Palm Jumeirah und Dubai Marina gelegenes unkonventionelles Hotel, das faire Preise, Pool und Businesseinrichtungen bietet.

🏨**134** [A3] **Ramee Hotel Apartments** €€, Al-Mankhool, Al-Rola Rd, Tel. 3522277, www.ramee-group.com. 126 voll ausge-

◀ *Farbvielfalt und Goldglanz im Hotel Burj Al Arab*

stattete Studio-Appartements zu fairen Preisen nahe Bur Dubai.

🏨**135** [B5] **Rush Inn** €, Bur Dubai, Khalid bin al-Waleed Rd, Tel. 3522235, www. imperialsuiteshotel.com. Ein-Stern-Hotel mit mehreren Nachtklubs.

🏨**136** [gl] **Rydges Plaza** €€€, Satwa, 2nd of December Rd, Ecke Al-Mankhool Rd, Tel. 3982222, www.rydges.com. Beliebtes 3-Sterne-Stadthotel zwischen Jumeirah und Zentrum, an der Einkaufsstraße 2nd of December Rd, mit Pool, beliebten Restaurants und Bars.

🏨**137** [hl] **Seaview** €€€, Bur Dubai, Al-Mina Rd, www.seaviewhoteldubai.com, Tel. 3558080. 4-Sterne-Hotel mit 107 Zimmern in Bur Dubai Randlage, Hafennähe plus Seeblick und Dachpool.

🏨**138** [im] **Semiramis** €€, Al-Rigga, Street 36A, Hinterseite der Al-Rigga Rd, Tel.

2286888, www.semiramisuae.com. 105 Zimmer im 2-Sterne-Hotel, Dachpool, Restaurant und Nachtklub, Shuttleservice ins Zentrum und zum Strand.

🏨**139** [il] **Star Metro Deira** €€€, Al-Rigga, Salahuddin Rd, Tel. 2359944, www. etastarhospitality.com. 168 geräumige Hotel-Appartements, Shuttleservice zum Strand, Dachpool.

🏨**140** [cm] **Suitehotel Mall of the Emirates** €€€, Al-Barsha, Street 2A, neben der Mall of the Emirates, Tel. 3823200, www.suitehotel.com. Modern ausgestattetes Hotel mit trendigem Design nahe der Shaikh Zayed Rd.

🏨**141** [im] **Taj Palace** €€€€, Al-Rigga, Street 36A, zwischen Al-Maktoum Rd und Al-Rigga Rd, Tel. 2232222, www.tajhotels. com. Elegantes 5-Sterne-Business- und Familienhotel (kein Alkoholausschank,

EXTRATIPP

Wüstenresorts

Jenseits des Stadttrubels inmitten der Dünenruhe liegen die folgenden Luxushotels – Transfer als Hotelservice inklusive:

> **Al Maha, a Luxury Collection Desert Resort & Spa** €€€€€, Tel. 8329900, www.al-maha.com. Luxus-Ökotourismus-Wüstenresort inmitten eines Dünen-Naturreservats, 42 stilvolle Suiten im Stil von Beduinenzelten, eigener Pool, private Atmosphäre, Komfort, Wüstentierbeobachtungen, Exkursionen, Ausritte, Safaris, Dünenpicknick, Kinder unter 12 Jahren dürfen nicht nach Al-Maha.

> **Bab al-Shams** €€€€€, Tel. 8096100, www. meydanhotels.com, Luxus-Wüstenresort mit Spa in traditionellem Baustil aus Naturmaterialien, inmitten von Sanddünen, ca. 70 km von Dubai entfernt. Unbedingt einen Besuch wert ist das Al-Hadheerah-Freiluft-Wüstenrestaurant. Wüstenausflüge und Freizeitaktivitäten wie Kamel- und Pferdereiten, Bogenschießen, Sonnenuntergangsyoga, Falkenshows.

Boutique Hotels in Bastakiya

Die beiden folgenden kleinen Hotels bestechen durch ihre außergewöhnliche Lage in restaurierten Windturmhäusern im Volkskundeviertel Bastakiya sowie durch ihr traditionell-emiratisches Dekor und die persönliche Atmosphäre:

🏨**147** [D4] **Orient Guest House** €€€€€, Bur Dubai, Bastakiya, Tel. 3519111, www.orientguesthouse.com. Stilvollantik eingerichtet in restauriertem Windturmhaus im Bastakiya-Volkskundeviertel, kein Pool, keine Bars, Gäste können die Einrichtungen des Hotels Arabian Courtyard (s. S. 118) nutzen.

🏨**148** [D4] **XVA Guesthouse and Gallery** €€€€, Bur Dubai, Bastakiya, Tel. 3535383, www.xvahotel.com. Herrlich und gemütlich, mit nur sieben Gästezimmern (rechtzeitig reservieren!) in einem historischen Windturmhaus (Hausnummer XVA), Design-Einrichtung, kein Pool, keine Bars, jedoch Kunstgalerie und Café.

keine Bar) mit Pool, Spa und Pendelbus zum Strand und zu Einkaufszentren. Es gibt Hotelzimmer und Appartements.

142 [fm] **The Address Downtown Dubai** €€€€€, Downtown Dubai, Emaar Boulevard, Tel. 4238888, www. theaddress.com. 5-Sterne Hotel mit 196 geräumigen Zimmern und Suiten, bietet Ausblick auf den Burj Khalifa, auf Downtown Dubai und die Wasserspiele der Dubai Fountain, Terrassenlandschaft mit 5 Pools, Spa-Bereich.

143 [bl] **The One and Only Royal Mirage** €€€€€, Al-Sufouh, Al-Sufouh Rd, Tel. 3999999, www.oneandonlyre-sorts.com. Luxuriöses Strandresort im Stil eines orientalischen Palastes, riesiger Garten mit Palmen, Brunnen, Spazierpfaden und Pools, ausgedehnter Sandstrand, große Auswahl an Was-

▲ *Orientdesign und Wasserfontänen im Hotel The Palace – The Old Town*

Auf die Palme gehen?

Es öffnen immer mehr Hotelresorts auf **Palm Jumeirah** (s. S. 82) ihre Gästezimmertüren. Bereits in Betrieb sind:

> Atlantis The Palm, www.atlantisthepalm.com (s. S. 122)
> Jumeirah Zabeel Saray, www.jumeirah.com
> One & Only The Palm, www.oneandonlythepalm.com
> Kempinski Hotel & Residences, www.kempinski.com
> Rixos Palm Jumeirah: www.rixos.com

Die Unterkunft in diesen funkelnagelneuen und luxuriösen Strandresorts bringt eine teilweise etwas abgeschiedene Lage mit sich: Viel los ist auf der Palm Jumeirah noch nicht und ins alte Stadtzentrum muss man lange Fahrten in Kauf nehmen. Inwieweit man dies als Vor- oder Nachteil empfindet, sollte jeder vor der Hotelbuchung überdenken.

069du Abb.: at

Wunder trifft Wasser

Dieses markante Ferienresort **Atlantis The Palm** ist 2250 Tonnen Marmor schwer, 46 Hektar riesig und besticht durch seine außergewöhnliche Lage auf dem Scheitelpunkt des Wellenbrecherrings von Palm Jumeirah. **Mythos und Meereswelt** treffen aufeinander, hier wurden künstliche Ausgrabungsstätten und fantasievolle Aquarienwelten geschaffen. Die größte ist die Ambassador Lagoon mit 11 Millionen Litern Wasser. 65.000 Meerestiere haben hier ihren Lebensraum, der nach neuesten zoologischen Erkenntnissen betreut wird. Überall werden maritime und mythische Farben, Formen und Themen kombiniert. Das korallenfarbene Hotelgebäude ist einem **mystischen Wasserschloss** nachempfunden.

In luftiger Höhe liegt die edelste Suite des Hauses, die **Bridge Suite** mit 924 m² Wohnfläche und einmaliger Aussicht. Ganz unten tragen die **Poseidon** und die **Neptun Suite** ihren Namen (fast) zu Recht, denn durch deckenhohe Glaswände bieten sie Einblick in die Unterwasserwelt der Ambassador Lagoon und man kann Auge in Auge mit kleinen und großen Fischen schlafen gehen.

1539 Zimmer und Suiten hat der Luxustempel. 3000 Bedienstete kümmern sich um das Wohl der Gäste, allein über 500 von ihnen sind für kulinarische Wünsche zuständig und lassen in **17 Restaurants** die Gaumen frohlocken. Die Anlage bietet Besuchern – auch Nicht-Hotelgästen – noch drei weitere Attraktionen: **Aquaventure ⑲**, **Dolphin Bay ㉑ und Lost Chambers ⑳**. Tipp: Besucher des Aquaventure und der Dolphin Bay haben Zugang zum privaten Gästestrand.
🏨150 [ck] **Atlantis The Palm** €€€€€, Palm Jumeirah, Tel. 2610000, www.atlantisthepalm.com

EXTRATIPP

Hotelstadt der Extraklasse

Nomen est omen! „Jumeirah-Stadt" bedeutet der Hotelname **Madinat Jumeirah**, und damit ist trefflich beschrieben, was Gäste erwartet: eine **Hotel- und Touristen-Stadt.** Hotelgäste finden hier alles, was sie brauchen (und noch viel mehr) und könnten den Rest von Dubai theoretisch links liegen lassen. Nicht-Hotelgäste finden Gefallen an den zahlreichen Bewirtungsmöglichkeiten und am **Souq Madinat Jumeirah** ⓲. Dieser basarähnliche Einkaufskomplex bildet das Herz der Stadt. Es gibt Einkaufsgassen mit rund 75 Geschäften – im Sommer Gold wert: die Aircondition! Zahlreiche Restaurants, Cafés und Bars sind entweder in den Gassen des Souq oder an den umliegenden Terrassen, Wasserläufen und Gärten des Resorts angesiedelt.

Die Hotelanlage ist **im arabisch-emiratischen Stil** gestaltet und besticht durch ihre unzähligen Windtürme, arabesken Silhouetten und verspielten Stukkaturen. Das Resort dehnt sich auf rund 40 Hektar Fläche aus und verfügt über einen **Privatstrand** von 1 km Länge. Alle Teile von Madinat Jumeirah sind über 3,7 km lange künstliche **Wasserwege** verbunden, die von traditionellen Fährbooten (arab. *abra*) befahren werden.

In Madinat Jumeirah gibt es zwei palastähnliche **Boutique Hotels** (Mina A'Salam und Al Qasr) sowie frei in der üppigen Gartenlandschaft stehende **Patio-Villen** (Dar-Al-Masyaf und Malakiya).

Maßgeschneiderte Behandlungen zur Regenerierung oder Revitalisierung, zum Verschönern oder Verwöhnen bietet die **Talise Spa.** Zudem bietet Madinat Jumeirah ein **Freilicht-Amphitheater,** ein Theater, ein Auditorium, Bankettsäle und ein hochmodernes Konferenzzentrum.

🏨**149** [dl] **Madinat Jumeirah** €€€€€, Jumeirah, Jumeirah Rd, Tel. 3668888, www.madinatjumeirah.com

---

sersportmöglichkeiten, Spa- und Hammambereich, raffinierte Restaurants und Nachtklubs.

🏨**144** [fm] **The Palace – The Old Town** €€€€€, Downtown Dubai, The Old Town Island, Tel. 4287888, www.theaddress.com. Auf einer Halbinsel im See gelegenes 5-Sterne-Neustadthotel mit traditionell-arabischem Palastambiente in modernster Ausstattung mit Pool, Spa sowie Bootsservice zur Dubai Mall und zum Burj Khalifa.

🏨**145** [C3] **Time Palace** €, Bur Dubai, Street 34, Tel. 3532111, www.time-palace.com. Ein-Stern-Hotel ohne Bar mitten im Souq von Bur Dubai.

🏨**146** [B3] **Vasantam** €, Bur Dubai, Al-Nadha St, Tel. 3938006, www.thevasanthabhavan.com. Einfaches, indisches Hotel samt ebensolchem Restaurant im Bur Dubai Souq.

Jugendherberge

Das Youth Hostel von Dubai gehört zum Internationalen Jugendherbergsverband (www.hihostels.com, bei Buchung gelten Dollarpreise). Einzelreisende werden nach Geschlechtern getrennt in Mehrbettzimmern untergebracht, es sei denn, man bezahlt ein komplettes Mehrbettzimmer mit Einzelbelegung. Als Mitglied kommt man preiswerter unter, unten aufgelistet sind die Preise für Nicht-Mitglieder.

🏨**151** [jm] **Dubai Youth Hostel** €-€€, Al-Qusais, Al-Qusais Rd (heißt auch Al-Nahda Rd), zwischen Lulu Supermar-

◀ *Die Poseidon Suite im Atlantis The Palm*

ia-Fußballstadion, Büro
Rezeption Tel. 2988161,
....w.baeyha.com. Die Jugendherberge
besteht aus alten und neuen Gebäu-
detrakten, administrativ sind es 3 Her-
bergen. Die Zimmer im neuen Gebäude
(Hostel A) haben ein eigenes Bad, TV,
Kühlschrank und Telefon und kosten:
Einzelzimmer 200 Dh bzw. 55 $, Doppel-
zimmer 250 Dh bzw. 65 $ inkl. Frühstück.
Die Zimmer in den alten Teilen sind einfacher und preiswerter: Bed and Break-
fast gibt es hier für 100 Dh bzw. 25 $ im
Mehrbettzimmer. Die Badezimmer liegen
dafür auf dem Flur und die Schlafräume
sind einfach ausgestattet. Überall ist
eine Belegung von 1–3 Nächten normal,
Verlängerungen klappen nur bei freien
Kapazitäten. Es gibt ein Restaurant (kein
Alkohol!), einen Swimmingpool, ein Internetcafé und Gemeinschaftsräume, einen
Supermarkt , Bus- und Metrostationen in
fußläufiger Entfernung (Metro Green Line
Stationen Stadium oder Al Nahda).

Verhaltenstipps

Respektvoll

Trotz aller Modernität ist Dubai ein
arabisch geprägtes und **muslimi-
sches Land**. Religion, Kultur, Gebräu-

che und Mentalität der Emirater (und
die vieler anderer Einwohner) weichen
von europäischen Maßstäben ab.

In puncto **Kleidung** ist es wichtig,
dass Männer und Frauen trotz der
hohen Temperaturen das muslimische Anstandsgefühl nicht verletzen,
indem sie in der Öffentlichkeit zu viel
Haut zeigen. In öffentlichen Berei-
chen sollten **Schultern, Bauchnabel
und Knie** besser **bedeckt** sein, was
zudem vor Sonnenbrand schützt. In
Bars und Nachtklubs darf natürlich
mehr Sexappeal gezeigt werden.

Wem der Sinn danach steht, in der
Öffentlichkeit mit seinem „Schatzi"
zu **knutschen**, der wird zumindest
sicherlich Anstoß erregen, und dies
könnte sogar einen **Strafzettel** samt
Verwarngeld nach sich ziehen. Mit
noch höherer Wahrscheinlichkeit wird
dies bei Zuwendungen **homosexuel-
ler Partner** passieren (s. S. 110).

Beim **Fotografieren** oder Filmen
von Menschen ist Höflichkeit oberstes Gebot. Für Muslime, die den Koran
streng interpretieren, ist die Abbildung
von Menschen in jeglicher Form verboten. Daher bitte niemanden ablich-
ten, ohne ihn gefragt zu haben – dies
gilt insbesondere bei emiratischen
Frauen! Je nach Fall kann dies sonst
viel Ärger nach sich ziehen. Doch viele sehen es mit dem Bilderverbot gar
nicht so eng, immerhin hängen überall die riesigen Porträts ihrer Herrscher. Immer wieder posieren Famili-
en vor Brunnen oder in Parkanlagen,
der Fotoapparat ist bei jedem Famili-
enausflug obligatorisch. Auch bei Indern kann man dies oft beobachten.

070du Abb.: kk

◀ *Wer nicht weiß, wie man sein
Gegenüber begrüßt, kann diesem
durch ein kurzes „kulturelles Zögern"
den Vortritt lassen*

Phänomene, ohne die man gut klarkommen würde

Verkehrsstau und Verkehrsrowdys:
Alle in Dubai leiden unter dem Dauerstau und bei vielen kocht dies in Form
von Drängeln und Hupen über - ver-
ständlich, wenn man für eine handvoll
Kilometer eine Stunde braucht. Doch
auch ganz entspannte bis gelanweilte
einheimische Jungspunde in hochmo-
torisierten, Rammschutz-bewehrten
Geländewagen benehmen sich alles andere als „gentlemanlike". Sie betrachten die Straße als Sportarena - oder
mitunter als Nahkampfgebiet. Rechts
überholen und stetiges Spurwechseln
auf der Suche nach einer Lücke zum
Überholen sind ihre beliebten Manöver - sowohl auf Schnellstraßen als
auch im Stadtstau. Duchgesetzt wird
dies mit Dauerkontakt zum Gaspedal
sowie zur Hupe bzw. zur Lichthupe.

*Fußgängerblockaden und Bauzäu-
ne:* „Nur ein paar Hundert Meter geradeaus" - so mag es laut Stadtplan
aussehen, doch dies ist häufig der Beginn einer Expedition in die unbe-
kannten Weiten des Dubaier Blocka-
de- und Umleitungs-Tohuwabohu.
Niemals sollte man in Dubai denken,
einfach dem Stadtplan folgen zu können! Bauzäune mit viel verheißenden
Projektplänen oder Baugruben versperren Riesenareale. Um Autofahrer
nicht mit nervigen Hindernissen wie
Fußgängern zu stören, werden diese auf den Bürgersteigen hinter hohe
Metallzäune gesperrt. Fußgängeram-
peln, Zebrastreifen, Überführungen
oder Tunnel sind Mangelware. Der Ge-
rechtigkeit halber sind aber auch Autofahrer Opfer dieses Chaos: Straßen-
sperrungen und Umleitungen tauchen
über Nacht auf, Über- oder Unterführungen leiten in unbekannte Areale.

071du Abb.: kk

Hitze bei Luftfeuchtigkeit: Dubai ist nicht nur ein heißes Fleckchen, nein, die hohe Luftfeuchtigkeit
kann sensiblen Naturen den Rest geben. Kein Wunder, dass „zu Fuß gehen" out ist. Viele hier lebende Asiaten
schützen sich mit einem Schirm vor
der Sonne. Ein cooler Tipp, für alle,
die dennoch einen Fußmarsch begin-
nen und dann kurz vor einem Hitze-
schock stehen: Buswartehäuschen bieten Schatten, Klimakühlung und Sitz-
bänke - zum Pausieren vor dem Wei-
tergehen oder beim Warten, um doch
auf den Bus umzusteigen.

Aircondition mit Eisgebläse: Schön
ist, dass es überall Klimaanlagen gibt,
nicht so schön dagegen, dass sie vielerorts rund um die Uhr laufen und
mitunter arktische Temperaturen ausströmen. Wenn man verschwitzt in
seinem kühlschrankgleichen Hotelzimmer ankommt, dessen nettes Ser-
vicepersonal die AC voll aufgedreht
hat - oder wenn man während Bus-
fahrten von oben schockgefrostet wird,
dann ist das nicht nur nervig, sondern
auch gesundheitsschädlich. Besser immer was zum Überziehen mitnehmen.

▲ *Baustellen gibt es in Dubai
jede Menge ...*

Rüpelhaft

Haftstrafen drohen bei **respektlosem Verhalten** gegenüber der Regierung, dem Staatssystem, Staatssymbolen und dem Islam. Gefängnis droht auch beim Zeigen des Stinkefingers, beim Oben-ohne-Baden für Damen, beim unten herum entblößt Sonnen für Herren und beim öffentlichen Liebesspiel.

Wer außerhalb lizenzierter Bars oder Restaurants **in der Öffentlichkeit Alkohol konsumiert** oder offensichtlich betrunken durch die Stadt spaziert, kann ebenso verhaftet werden. Man darf keinesfalls mit auch nur einem verschwindend geringem Promillesatz Auto fahren!

Für **Drogendelikte** wird mitunter sogar die **Todesstrafe** verhängt.

Verkehrsmittel

Dubais öffentlicher Personenverkehr in Form von Metro, Bussen, Schiffen, Booten und Taxis wird von den Roads and Traffic Authority (RTA) organisiert.

> ❯ **Informationen**, Busroutenpläne, Metrostreckennetz, Wassertransport unter Tel. 8009090 (gebührenfrei, 24 Std. täglich), www.rta.ae, u. a. Wojhati-Routenplaner

Knotenpunkte (Metro-, Bus- und Wassertransport)

> ❯ **Bur Dubai Souq:** Al Ghubaiba Metro Station, Al-Ghubaiba Bus Station, Bur Dubai Old Souq Marine Station und Bur Dubai Marine Station
> ❯ **Deira, Al-Ras-Halbinsel:** Al-Ras Metro Station Green Line, Gold Souq Bus Station
> ❯ **Deira, Baniyas-Platz, Union Square:** Union Metro Station Red Line, Green Line und Deira Baniyas Marine Station

Tarifsystem

Bus-, Metro- und Wasserbusfahrten erfordern den Kauf eines roten **Nol-Einzeltickets** oder einer vorbezahlten, wiederaufladbaren **Nol-Karte** (verschiedene Farben) vor Fahrtantritt. Erhältlich sind sie an Ticketschaltern bzw. -maschinen an Stationen sowie in RTA-Servicebüros und bei autorisierten Verkaufsagenten. Eine **Barbezahlung bei Einstieg ist nicht möglich.** Wichtig bei allen 3 Verkehrsmitteln: Nol-Karten bzw. Tickets sind **immer vor und nach Fahrtantritt** im Kartenlesegerät zu **entwerten** – so wird der korrekte Preis abgerechnet!

Das **Nol Red Ticket** ist ein Einzel- oder Mehrfachticket für Gelegenheitsfahrten mit Preisstaffelung je nach Tarifzone und Fahrklasse (s. u.). Zusätzlich kostet es 2 Dh Ausstellungsgebühr. Man kann es für ein bis zehn Einzelfahrten kaufen bzw. an bis zu fünf Tagen als Tagesticket nutzen (s. u.). Es gilt jeweils nur für ein Verkehrsmittel (Metro oder Bus bzw. Wasserbus), nicht für Kombinationen.

Im Gegensatz dazu kann man mit den vorbezahlten und wiederaufladbaren **Nol Card (Silver, Gold, Blue)** Busse, Metro und Wasserbusse verknüpft nutzen. **Voraussetzungen:** Eine gesamte Fahrt innerhalb einer Tarifzone (T0-Tarif) darf maximal 90 Min. dauern, spätestens 30 Min. nach Fahrtende mit dem ersten Verkehrsmittel muss das zweite betreten werden und es ist nur ein Wechsel erlaubt. Bei Fahrten durch mehrere Tarifzonen (T1-, T2-, T3-Tarife) ist die erlaubte Gasamtfahrtdauer 180 Min. und es sind drei Wechsel möglich – Richtungsänderungen gelten als neue Fahrt, nicht als Wechsel!

Die **Nol Silver Card** entspricht der regulären Klasse, die Gold Card entspricht der 1. Klasse und kostet mehr, die Blue Card bietet Residenten Ermäßigungen.

Silber- und goldfarbene Nol-Karten kosten **anfangs 20 Dh** und beinhalten einen Fahrwert in Höhe von 14 Dh. Der Tageshöchstbetrag, der von silberfarbenen Nol-Karten abgebucht wird, liegt bei 14 Dh, diese eignen sich als Tageskarten für beliebig viele Fahrten durch alle Tarifzonen. Auch das NOL Red Ticket kann für 14 Dh Gebühr als Tagesticket gelten (plus 2 Dh Ticketausstellung).

❯ Tarifinfos, Abfrage und Aufladung von Nol-Karten unter www.nol.ae

Kartenpreise und Fahrtarife staffeln sich nach Tarifzonen und Klassen:

❯ **T0 Tarif:** Eine einfache Kurzstreckenfahrt von max. 3 km Länge kostet 2 Dh als rotes Nol-Einzelticket, 1,80 Dh mit der silberfarbenen Nol-Karte bzw. 3,60 Dh mit der goldfarbenen Nol-Karte.

❯ **T1 Tarif:** Einfache Fahrten innerhalb einer der Tarifzonen kosten 2,50 Dh mit dem Red Ticket, 2,30 Dh mit der Silver Card bzw. 4,60 Dh mit der Gold Card.

❯ **T2 Tarif:** Fahrten von einer Zone in eine benachbarte kosten 4,50 Dh mit dem Red Ticket, 4,10 Dh mit der Silver Card bzw. 8,20 Dh mit der Gold Card.

❯ **T3 Tarif:** Fahrten über zwei Zonen hinaus kosten 6,50 Dh als Red Ticket, 5,80 Dh mit der Silver Card bzw. 11,60 Dh mit der Gold Card.

❯ **Kinder** unter fünf Jahren und 90 cm Körpergröße fahren gratis.

Metro

Dubais Metro nimmt eine wichtige Rolle im öffentlichen Nahverkehr der Stadt ein. Sie fährt **größtenteils oberirdisch**, im Innenstadtbereich unterirdisch. Die Streckenlänge der derzeit verkehrenden **Red Line** und der **Green Line** beträgt 75 k nien folgen zukünftig.

Die hochmodernen Züge fahren – fahrerlos – zwischen 6 Uhr morgens und 24 Uhr nachts, freitags erst ab 13 Uhr. Es gibt Wagen der 1. **(Gold Class)** und Standardklasse **(Silver Class)** sowie **Frauenabteile** (dabei kann frau frei entscheiden, ob sie in ein Damen- oder ein Gemischt-Abteil möchte). Wichtige **Kreuzungs- und Umsteigepunkte** von Red und Green Line sind in **Deira** die Union Square Station, Umar bin al-Khattab Rd/Ecke Al-Maktoum Rd, am Beginn der Al-Rigga Rd, und in **Bur Dubai** die Khalid Bin Al Waleed Station, an der Kreuzung Khalid bin al-Waleed Rd und Trade Centre Rd, beim Einkaufszentrum BurJuman.

Weitere Schienenbahnen

Die Metro wird durch zwei weitere schienengebundene Angebote ergänzt: von der **Dubai Monorail** auf Palm Jumeirah (bereits in Betrieb) und ab 2014 von der **Al-Sufouh Tram** (Straßenbahn im küstennahen Stadtteil Al-Sufouh). Beide Bahnen sind **miteinander verbunden.** Die Al-Sufouh Tram soll an den drei Haltestellen Jumeirah Lake Towers, Dubai Marina und Mall of the Emirates **Anschluss** an die **rote Metrolinie** bieten.

Stadtbusse

Das **Busnetz** ist mit einer stets wachsenden Zahl an Routen gut organisiert und fest in den Händen der Gastarbeiter. Die meisten **Linien** verkehren wochentags von frühmorgens (etwa ab 6–7 Uhr) bis spätabends (22–23 Uhr). **Frauen** dürfen im vorderen Busteil unter sich sein, können sich aber auch in den hinteren Bereich setzen. An den meisten Bushaltestellen stehen **klimatisierte Wartehäuschen** mit Streckennetzplan. Glücklich dürfen sich diejenigen schätzen, die an den Busbahnhöfen eine **faltbare Streckenkarte** ergattert haben.

Die wichtigsten **Busbahnhöfe**:

> **Al-Ghubaiba Bus Station**, im Souq von Bur Dubai **⓫**, südlich der Al-Ghubaiba St beim Shindaga-Markt
> **Gold Souq Bus Station**, in Deira, Al-Khor St, beim Gold Souq **❽** und Shindagha-Tunnel
> **Al-Satwa Bus Station**, in Satwa, östliche Al-Satwa Rd
> Auch an den beiden **Metrokreuzungsstationen** Union in Deira und Khalid bin Al Waleed in Bur Dubai fahren zahlreiche Stadtbuslinien ab

Taxis

Es gibt mehrere Möglichkeiten, ein Taxi zu heuern: Man kann es an der Straße **heranwinken**, per **Telefonanruf**, **SMS oder Webbuchung** zum eigenen Standort bestellen (Nummern siehe unten) oder eine 1-Dh-Münze in einen der elektronischen **Buchungsautomaten** werfen, woraufhin sofort ein Wagen losfährt und einen am Automaten abholt (danach sind 4,5 Dh Abholaufschlag zu zahlen).

Tagsüber beträgt die **Grundgebühr** für ein an der Straße herangewunkenes Taxi 3 Dh, jeder **gefahrene Kilometer** kostet 1,6 Dh. Telefonisch oder via Internet bestellte Taxis sowie Spezialtaxis für Frauen oder Körperbehinderte haben eine Grundgebühr von 6 Dh. Eine Taxifahrt vom Flughafen kostet 20 Dh Grundgebühr. An Feiertagen und nachts sind **Zuschläge** zu zahlen. Als **Minimum** sind in allen Taxis 10 Dh zu bezahlen.

Alle Taxifahrer sind **Gastarbeiter**, sie sprechen meist passabel Englisch und kennen sich zumindest einigermaßen aus. Häufig kann es hilfreich sein, einen in der Nähe des Wunschziels gelegenen **Orientierungspunkt** zu **nennen** (Stadtteil, Hotel, Brücke, Einkaufszentrum, markantes Bauwerk etc.). Besser noch, man kennt die Telefonnummer seines Ziels und kann im Falle von Unklarheiten dort anrufen und nach bekannten Orientierungspunkten fragen.

Auf Wunsch befördern spezielle Taxis, die von Frauen gefahren werden, **ausschließlich Frauen**. Zu erkennen sind sie an ihren rosafarbenen Dächern und Sitzen.

▶ *Mit den Abras wird man von einer Seite des Creek zur anderen geschippert*

072du Abb.: dtcm

Wassertransport

Auf dem Creek von Dubai verbinden hölzerne Barkassen – die sogenannten **Abras – und Wasserbusse** beide Ufer der zentralen Stadtteile Deira und Bur Dubai (s. S. 66).

Wassertaxis bedienen zwischen 10 und 22 Uhr zahlreiche Haltestellen am Creek und an den Küstengewässern, beispielsweise Jumeirah Beach, Palm Jumeirah, Dubai Marina. Der Preis ist entfernungsabhängig, beispielsweise Bur Dubai – Dubai Marina 300 Dh.

Mit **Wasserfähren** kann man viermal täglich Rundfahrten unternehmen (ab 50 Dh): ab Al-Seef Station in die Küstengewässer von Jumeirah und den Burj al Arab und ab der Dubai Marina Mall Station zu Palm Jumeirah und Atlantis (s. S. 85).

Der **Weiterausbau** des Wassertransports ist in vollem Gange, insbesondere die neuerbauten Inseln sollen angeschlossen werden.

❯ Infos zu allen Transportmöglichkeiten, Tel. 8009090, www.rta.ae

Versicherungen

Auslandskrankenversicherung

Vor Antritt der Reise sollte jeder prüfen, ob er im Ausland krankenversichert ist. Der Abschluss einer Auslandskrankenversicherung ist **dringend zu empfehlen**. Diese übernimmt die **Kosten einer Behandlung** in Dubai oder im Notfall einen **Rettungsflug** nach Hause, denn die gesetzlichen Krankenversicherungen sind dafür nicht zuständig. Jahrespolicen sind in Deutschland für 10 bis 15 Euro pro Jahr (mit einem Versicherungsschutz von meist 43 Tagen pro Reise) sehr günstig, bedenkt man, dass man sonst die kompletten Behandlungskosten oder schlimmstenfalls einen Krankenrücktransport in sein Heimatland zu zahlen hätte.

Weitere Reiseversicherungen

Wer eine Pauschalreise bucht, sollte spätestens bei der ersten (An-)Zahlung von seinem Veranstalter bzw. dem Reisebüro einen **Sicherungsschein** bekommen. Dieser belegt, dass sich der Veranstalter gegen Insolvenz oder Zahlungsunfähigkeit versichert hat, sodass für den Reisenden die Rückzahlung von geleisteten Anzahlungen oder Kostenersatz für den Reiserücktransport abgedeckt sind.

Eine **Reisegepäck- oder Reiserücktrittsversicherung** ist im Einzelfall auf Notwendigkeit zu prüfen. Mitunter ist man auch als **Inhaber einer Kreditkarte** oder **Mitglied eines Automobilklubs** schon in der einen oder anderen Weise reiseversichert.

Wetter und Reisezeit

Sonnenschein und blauen Himmel gibt es in Dubai nahezu das ganze Jahr über. Regen fällt selten, meist nur wenige Tage pro Jahr in den Wintermonaten. Die Monate von Oktober bis April werden zum **Winter** gezählt. Dann herrschen Tagestemperaturen zwischen 25 und 35 °C. In Küstennähe sorgt oftmals eine frische Meeresbrise für Kühlung. Die Luftfeuchtigkeit bewegt sich zwischen 30 und 40 Prozent. Der von Mai bis September dauernde **Sommer** bietet Höchsttemperaturen von 35 bis 45 °C, zudem wirkt die hohe Luftfeuchtigkeit quälend. An der Küste kann sie Werte von **über 80 Prozent** erreichen!

Die **beste Reisezeit** fällt auf die Monate Oktober bis Mai, am angenehmsten ist es von November bis März. Wer im Sommer nach Dubai reisen möchte, bekommt dafür als Bonbon in vielen Hotels deutlich günstigere Zimmerpreise.

Im **wüstenhaften Landesinneren** sind die Tagestemperaturen zwar höher als an der Küste, doch die Luftfeuchtigkeit ist niedriger, weshalb dieses Klima als angenehmer empfunden wird. Auch kühlt es nachts stärker ab.

Trostpflaster für Hitzeempfindliche: Nahezu alle Innenräume sind klimagekühlt und da Freizeitaktivitäten zur kühleren Abendstunde stattfinden, gibt es lange Öffnungszeiten.

073du Abb.: jm

◀ *Regenwolken wie hier über dem Restaurant Pierchic (s. S. 38) sind in Dubai selten*

Anhang

ten auf Arabisch

...sich in Dubai mit beinahe jedermann auf Englisch unterhalten kann, so wird es einem doch sehr hoch angerechnet, wenn man wenigstens einige arabische Redewendungen kennt. Insbesondere bieten sich hierfür natürlich die Begrüßungsfloskeln an.

Die hier aufgeführten „Sie"-Formen unterscheiden sich nicht von der jeweiligen „Du"-Form. Doppelt geschriebene Vokale **aa** werden betonter (länger) gesprochen, als kurze (fast schon unausgesprochenen) Vokale. Stimmabsätze sind mit mit dem Zeichen ' dargestellt.

Die folgenden Floskeln sollte man **schnell sprechen:**

❯ **Friede sei mit Euch (Guten Tag):** as-salaam 'alaikum
  Antwort: Und Friede sei mit Euch: wa 'alaikum as-salaam
❯ **Guten Morgen:** sabaah al-khair
  Antwort: sabaah an-nuur (Einen Morgen des Lichtes)
❯ **Guten Abend:** msaa al-khair
  Antwort: msaa an-nûr (Einen Abend des Lichtes)
❯ **Hallo:** marhabaa
❯ **Willkommen:** 'ahlan wa sahlan
  Antwort: 'ahlan wa sahlan
❯ **Auf Wiedersehen:** ma' as-salaama
❯ **Wie gehts?:** kayf al-haal?
  Antwort: al-hamdulillah (Gott sei's gelobt) oder kwayis (Gut)
  Dann stets **Gegenfrage** anschließen: Wie geht es Ihnen?: kayf al-haal 'anta (zu einem Mann)/kayf al-haal 'anti (zu einer Frau)?
❯ **Wie heißen Sie?:** maa 'ismak (zu einem Mann)/maa 'ismik (zu einer Frau)?
  Antwort: Ich heiße ...: 'ismii ...
❯ **Woher kommen Sie?:** Min ayna 'anta (zu einem Mann)/Min ayna 'anti (zu einer Frau)?

Antwort: aus Deutschland: Min 'almaaniyaa/aus der Schweiz: Min swisraa/aus Österreich: Min an-nimsaa
❯ **Sprechen Sie englisch/arabisch?:** tachii 'ingliisii/'arabii?
  Antwort: Ein bisschen: shwayya/Ich spreche kein arabisch: maa 'atakallam 'arabii.
❯ **Bitte (von jemandem erbitten):** Min fadlak (zu einem Mann)/Min fadliki (zu einer Frau)
  Antwort: Danke: shukran
  Gegenantwort: Keine Ursache: 'afwan
❯ **Bitte (jemandem etwas anbieten):** tafadaal (zu einem Mann)/tafadaalii (zu einer Frau)
  Antwort: Danke: shukran
❯ **Wenn Sie erlauben:** lau samaht
  Antwort: Bitte: tafadaal (zu einem Mann)/tafadaalii (zu einer Frau)
❯ **Entschuldigung, es tut mir leid:** 'anaa 'aasif (als Mann)/'anaa 'aasifa (als Frau)
  Antwort: Keine Ursache: 'afwan
❯ **Hoffentlich, wahrscheinlich, so Gott will, wenn nichts dazwischen kommt:** 'insha'allah
❯ **Darf ich fotografieren?:** mumkin suura (Möglich Foto)?
❯ **Auf Wiedersehen!:** ma'a salaama (Mit dem Frieden)

Arabische Zahlen

Arabische Zahlen werden (im Gegensatz zu Buchstaben) von links nach rechts geschrieben.

1/one/wâhid	١
2/two/ithnain	٢
3/three/thalâtha	٣
4/four/arba'a	٤
5/five/khamsa	٥
6/six/sitta	٦
7/seven/sab'a	٧
8/eight/thamânya	٨
9/nine/Tis'a	٩
10/ten/'ashara	١٠

20/twenty/'ishrîn	٢٠
30/thirty/thalâthîn	٣٠
40/fourty/arbaîn	٤٠
100/one hundred/miya	١٠٠
200/two hundred/mîtain	٢٠٠
300/three hundred/thalâtha miya	٣٠٠
400/four hundred/arba'a miya	٤٠٠
1000/one thousand/alf	١٠٠٠
2000/two thousand/alfain	٢٠٠٠
3000/three thousand/thalâthat alâf	٣٠٠٠

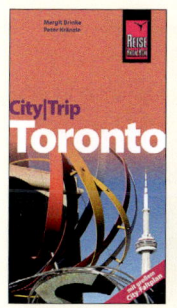
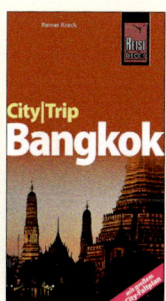

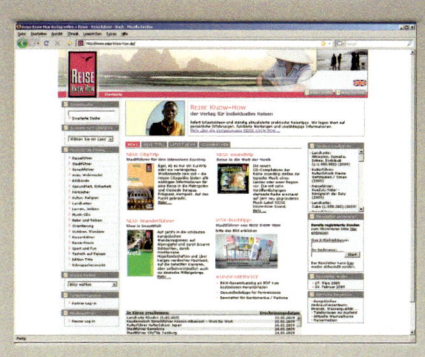

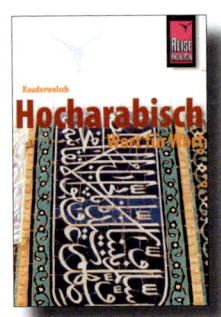

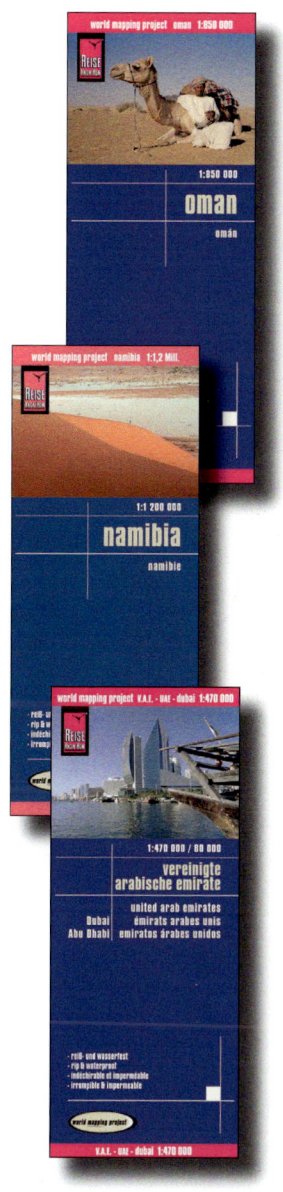

Register

Register

Liste der Karteneinträge

Liste der Karteneinträge

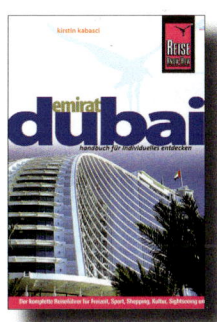

Mit PC, Navi, iPhone & Co.

Als **kostenlosen Begleitservice** stellen wir unter **www.reise-know-how.de** auf der Produktseite dieses Titels folgende Daten und Anwendungen bereit.

★ **Alle Ortsmarken des Buches unter Google Maps™:** Springen Sie im Internet direkt aus unseren thematischen Listen an den genauen Punkt auf der Karte. Luftbildansichten, Fotos und die Streetview-Funktion zeigen ein genaues Bild des Objektes und seiner Umgebung. Weitere Funktionen wie Routenplaner und Verkehrsplan erleichtern die Orientierung vor Ort. Nutzbar auf allen Geräten mit Internetbrowser und permanentem Internetzugang.

★ **Faltplan als PDF mit Geodaten:** Nach dem Speichern auch mobil nutzbar auf allen Geräten mit PDF-Reader. Der aktuelle Acrobat Reader™ stellt Zusatzfunktionen für die Geodaten bereit. Für iPhone/iPad empfiehlt sich die App „PDF Maps" von Avenza™.

★ **GPS-Daten aller Ortsmarken:** einfacher Import in GPS-Geräte, Navis und Geosoftware auf PCs und mobilen Geräten

★ **Kapitel „Praktische Reisetipps" als PDF:** Nach dem Speichern auch mobil nutzbar auf allen Geräten mit PDF-Reader.

Darüber hinaus kann das Buch insgesamt oder eine persönliche **Auswahl einzelner Seiten als PDF käuflich erworben** werden. Nach dem Speichern auch mobil nutzbar auf allen Geräten mit PDF-Reader.

Aktuelle Tipps und Hilfe unter:
www.reise-know-how.de

Zeichenerklärung

10	Hauptsehenswürdigkeit
[N9]	Verweis auf Planquadrat im Kartenmaterial
Ⓐ	Abra-Route/-Station (Fährboote)
❼	Bar, Treffpunkt
Ⓑ	Busbahnhof
☕	Café
🖼	Galerie
🛍	Geschäft, Mall, Markt
🍽	Fischrestaurant
🏨	Hotel, Unterkunft
🍴	Bistro, Imbiss
❶	Informationsstelle
@	Internetcafé
🛏	Jugendherberge, Hostel
✚ ✚	Krankenhaus, Arzt
Ⓜ	Metrostation
☪	Moschee
🏛	Museum
⚑	Polizei
✉	Post
🍲	Restaurant
●	Sonstiges
🎭	Theater
🥗	vegetarisches Restaurant
Ⓑ	Wasserbus-Route/-Station
▬	Stadtspaziergang (s. S. 8)
⬭	Shoppingareale
⬭	Gastro- und Nightlife-Areale

■ Impressum

Kirstin Kabasci
CityTrip Dubai

erschienen im
REISE KNOW-HOW Verlag Peter Rump GmbH,
Osnabrücker Str. 79, 33649 Bielefeld

© Peter Rump 2010
**2., neu bearbeitete und komplett
aktualisierte Auflage 2012**
Alle Rechte vorbehalten.

ISBN 978-3-8317-2153-5
PRINTED IN GERMANY

Herausgeber und Gestaltungskonzept:
  Klaus Werner
Lektorat: amundo media GmbH
Layout: Günter Pawlak (Umschlag),
  Anna Medvedev (Inhalt)
Fotos: s. S. 6
Karten: Ingenieurbüro B. Spachmüller,
  amundo media GmbH
Druck und Bindung:
  Himmer AG, Augsburg

Dieses Buch ist erhältlich in jeder Buch-
handlung Deutschlands, der Schweiz,
Österreichs, Belgiens und der Niederlande.
Bitte informieren Sie Ihren Buchhändler
über folgende Bezugsadressen:
  Deutschland: Prolit GmbH, Postfach 9,
  D-35461 Fernwald (Annerod)
  sowie alle Barsortimente
  Schweiz: AVA Verlagsauslieferung AG,
  Postfach 27, CH-8910 Affoltern
  Österreich: Mohr Morawa Buchvertrieb
  GmbH, Sulzengasse 2, A-1230 Wien
  Niederlande, Belgien: Willems
  Adventure, www.willemsadventure.nl

Wer im Buchhandel trotzdem kein Glück
hat, bekommt unsere Bücher auch über
unseren Büchershop im Internet:
www.reise-know-how.de

Kirstin Kabasci

CITY|TRIP
DUBAI

Nicht verpassen!

1 Creek [E4]
Eine Bootsfahrt durch Dubais natürliche Inlandlagune, den Creek, bietet einen erstklassigen Ausblick auf das alte Stadtzentrum – wahlweise ist man ganz traditionell im arabischen Holzboot, „cool" im Wasserbus oder „off-road" im Amphibienfahrzeug unterwegs (s. S. 64).

2 Shaikh Saeed House [C1]
Das Prunkstück des Shindagha-Viertels ist ein rekonstruierter historischer Herrscherpalast in herrlicher Lage am Creek, in dem sich das Museum of Historical Photos and Documents befindet (s. S. 68).

**7 Deira Souq [E2] und
Bur Dubai Souq [C3]**
11 Die historischen Marktviertel sind ein touristisches Highlight und bieten neben Gold und Gewürzen ein buntes arabisches Allerlei (s. S. 71 und S. 76).

**12 Dubai Museum
im Al-Fahidi-Fort [D3]**
Dubai präsentiert seine Geschichte und sein Brauchtum in einem aufwendig gestalteten Nationalmuseum im ältesten Gebäude der Stadt (s. S. 77).

13 Bastakiya [D4]
Dieser rekonstruierte Stadtteil mit traditionellen Windturmhäusern und Kunstgalerien lädt zum Bummeln durch seine schattigen Gassen ein (s. S. 78).

15 Jumeirah Moschee [gl]
Die größte und schönste Moschee der Stadt ist ein anschauliches Beispiel moderner islamischer Architektur und wird nachts effektvoll ausgeleuchtet. Nichtmuslime können die Moschee während einer Führung besichtigen und an einer Fragestunde zum Islam teilnehmen (s. S. 81).

18 Souq Madinat Jumeirah [dl]
Der herrlich zwischen Gärten und Kanälen angelegte neumodische Orientsouq ist Teil des Hotelresorts Madinat Jumeirah und bietet zusätzlich zu einer Fülle an Shops auch interessante Restaurants, Cafés und Bars (s. S. 82).

25 Burj Khalifa [fm]
Dieser „Wolkenkratzer" ist – zumindest derzeit – der welthöchste und bietet eine atemraubende Aussicht auf ein wie eine Ameisenstadt wirkendes Dubai. Im neumodischen Stadtteil zu seinen Füßen findet man noch weitere Superlativen (s. S. 88).

Leichte Orientierung mit dem cleveren Nummernsystem
Die Sehenswürdigkeiten der Stadt sind zum schnellen Auffinden mit **fortlaufenden Nummern** versehen. Diese verweisen auf die ausführliche Beschreibung **im Kapitel „Dubai entdecken"** und zeigen auch die genaue Lage **im Stadtplan.**